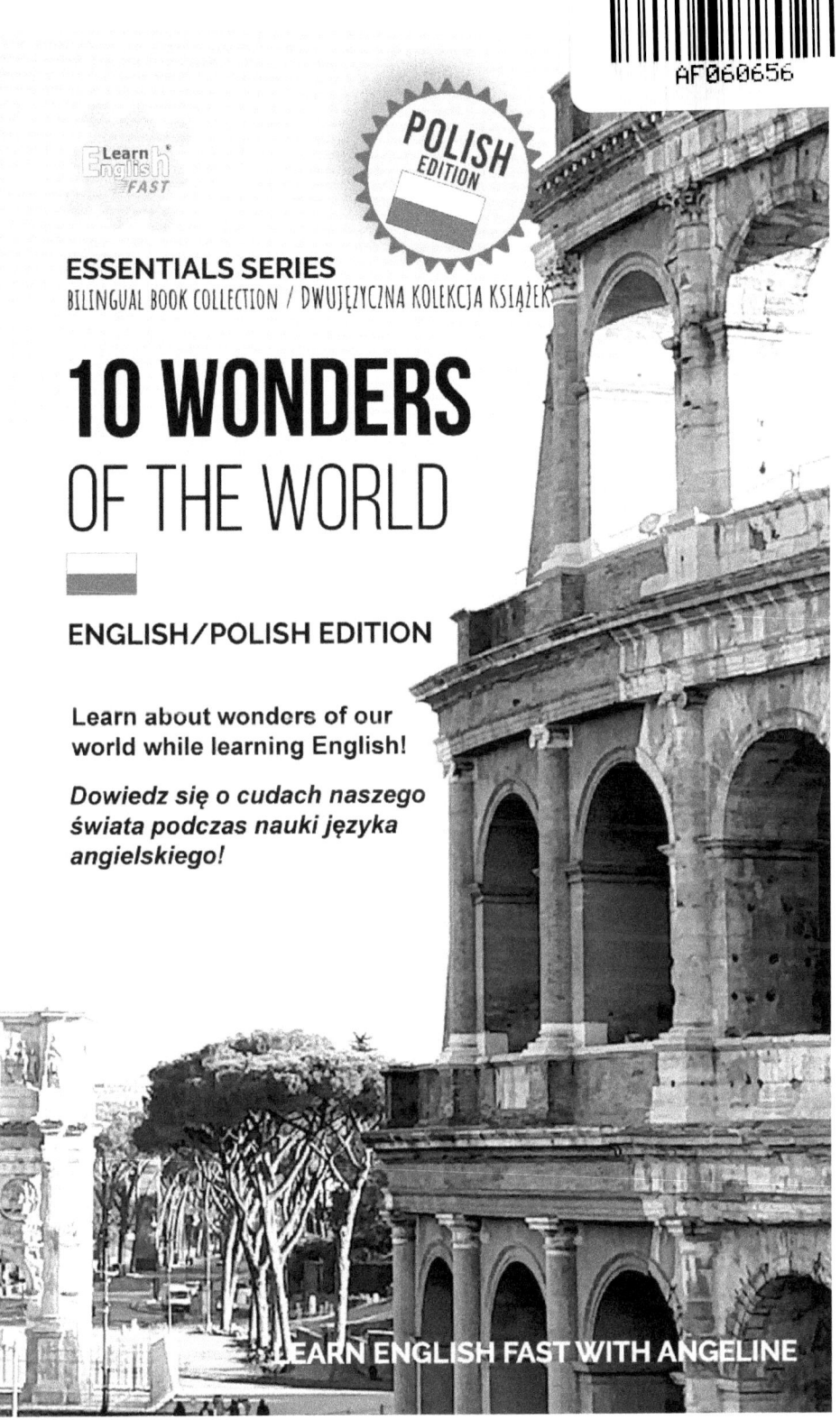

POLISH EDITION

Learn
English
FAST

ESSENTIALS SERIES
BILINGUAL BOOK COLLECTION / DWUJĘZYCZNA KOLEKCJA KSIĄŻEK

10 WONDERS
OF THE WORLD

ENGLISH/POLISH EDITION

Learn about wonders of our world while learning English!

Dowiedz się o cudach naszego świata podczas nauki języka angielskiego!

LEARN ENGLISH FAST WITH ANGELINE

ESSENTIALS SERIES
Bilingual Book Collection
10 WONDERS OF THE WORLD
ENGLISH / POLISH EDITION

This Book Belongs To:

_____

Dedicated To You!

BY: ANGELINE POMPEI

Disclaimer

Disclaimer Notice:
Please note the information contained within this document is for adult educational and entertainment purposes only. The stories, books and videos in the Learn English Fast Series contain adult situations and subject matter intended for those 18 years or older. The author or publisher also cannot claim the accuracy of the contents or information in this book, including the accuracy of the translations as interpretation is involved. Read at your own risk. All books and songs in the Learn English Fast Book Series, Bilingual Productions and video content created by Learn English Fast With Angeline Inc., Angeline Authentic Inc., Angie's Kitchen and/or Angeline Pompei is intended and created for an adult audience 18+ years or older. Some songs, written by the author in the Learn English Fast Series may have explicit lyrics which are not suitable for a younger audience. Under no circumstances will any blame or legal responsibility be held against the publisher, author, music producer or others involved for any damages, including but not limited to misinformation, reparation, emotional, physical, psychological or bodily harm, or for monetary loss due to the information contained within this book, either directly or indirectly.

Wyłączenie odpowiedzialności:
Należy pamiętać, że informacje zawarte w tym dokumencie są przeznaczone wyłącznie do celów edukacyjnych i rozrywkowych dla dorosłych. Historie, książki i filmy z serii Learn English Fast zawierają sytuacje i tematy dla dorosłych przeznaczone dla osób powyżej 18 roku życia. Autor ani wydawca nie mogą również zagwarantować dokładności treści lub informacji zawartych w tej książce, w tym dokładności tłumaczeń, ponieważ w grę wchodzi tłumaczenie ustne. Czytasz na własne ryzyko. Wszystkie książki i piosenki z serii Learn English Fast Book Series, Bilingual Productions i treści wideo stworzone przez Learn English Fast With Angeline Inc., Angeline Authentic Inc., Angie's Kitchen i/lub Angeline Pompei są przeznaczone i stworzone dla dorosłych odbiorców w wieku 18+ lub starszych. Niektóre piosenki napisane przez autora w serii Learn English Fast mogą zawierać wyraźne teksty, które nie są odpowiednie dla młodszych odbiorców. W żadnym wypadku wydawca, autor, producent muzyczny lub inne zaangażowane osoby nie ponoszą winy ani odpowiedzialności prawnej za jakiekolwiek szkody, w tym między innymi za błędne informacje, zadośćuczynienie, szkody emocjonalne, fizyczne, psychiczne lub cielesne, ani za straty pieniężne wynikające z informacji zawartych w tej książce, bezpośrednio lub pośrednio.

Legal Notice:
This book is copyright protected. It is only for personal use. You cannot amend, distribute, sell, use, quote or paraphrase any part, or the content within this book, without the consent of the author or publisher. The content contained within this book may not be reproduced, duplicated or transmitted without direct written permission from the author or the publisher. © Copyright 2023 Angeline Pompei / Learn English Fast With Angeline Inc. All rights reserved. No part of this publication may be reproduced, stored or transmitted in any form or by any means, electronic, mechanical, photocopying, recording, scanning, or otherwise without written permission from the publisher o author. It is illegal to copy this book, post it to a website, or distribute it by any other means without permission.

Nota prawna:
Ta książka jest chroniona prawem autorskim. Jest przeznaczona wyłącznie do użytku osobistego. Nie można zmieniać, rozpowszechniać, sprzedawać, wykorzystywać, cytować lub parafrazować jakiejkolwiek części lub treści tej książki bez zgody autora lub wydawcy. Treści zawarte w tej książce nie mogą być powielane, kopiowane ani przekazywane bez bezpośredniej pisemnej zgody autora lub wydawcy. © Copyright 2023 Angeline Pompei / Learn English Fast With Angeline Inc. Wszelkie prawa zastrzeżone. Żadna część niniejszej publikacji nie może być powielana, przechowywana lub przekazywana w jakiejkolwiek formie lub w jakikolwiek sposób, elektroniczny, mechaniczny, fotokopiując, nagrywając, skanując lub w inny sposób bez pisemnej zgody wydawcy lub autora. Kopiowanie tej książki, umieszczanie jej na stronie internetowej lub rozpowszechnianie w jakikolwiek inny sposób bez zezwolenia jest niezgodne z prawem.

Preface

How much do you know about the ten wonders of the world?
Jak dużo wiesz o dziesięciu cudach świata?

Perhaps you had researched the ten wonders of the world before but struggled to find a book that was easy to understand.
Być może już wcześniej badałeś (woman: badałaś) dziesięć cudów świata, ale miałeś (miałaś) trudności ze znalezieniem książki, która byłaby łatwa do zrozumienia.

Maybe you want to improve your English in a more engaging way.
Może chcesz poprawić swój angielski w bardziej angażujący sposób.

If this sounds like you, you've come to the right place.
Jeśli to brzmi jak jak o Tobie, to jesteś we właściwym miejscu.

This book is completely bilingual, so you don't have to leave the book to look up the translation of a word in English, that you don't understand.
Ta książka jest całkowicie dwujęzyczna, więc nie musisz opuszczać jej, aby znaleźć tłumaczenie w języku angielskim słowa, którego nie rozumiesz.

From the Taj Mahal to Stonehenge, this book will discuss each wonder of the world in using language that you can understand.
Od Taj Mahal po Stonehenge, ta książka omawia każdy cud świata w języku, który można zrozumieć.

Inside this book you will discover:
Wewnątrz tej książki odkryjesz:

- where each wonder is located in the world.
- *gdzie na świecie znajduje się każdy z cudów.*

- the history behind each of the ten wonders.
- *historię każdego z dziesięciu cudów.*

- how each wonder was built and when.
- *jak każdy cud został zbudowany i kiedy.*

Learn English Fast with bilingual books by me Angeline!
Szybka nauka angielskiego z dwujęzycznymi książkami ode mnie Angeline!

Contents

Chapter 1: Taj Mahal 11

Chapter 2: Great Wall of China 19

Chapter 3: Machu Picchu 27

Chapter 4: The Colosseum 35

Chapter 5: Christ the Redeemer 43

Chapter 6: Petra 51

Chapter 7: Chichen Itza 59

Chapter 8: Egyptian Pyramids 67

Chapter 9: Great Barrier Reef 77

Chapter 10: Stonehenge 85

Thank You! 95

Chapter 1: Taj Mahal

Are you ready to visit 10 of the most iconic places in the world?
Czy jesteś gotowy, aby odwiedzić 10 najbardziej kultowych miejsc na świecie?

Let's start our exploration of these 10 wonders of the world from Agra, India.
Zacznijmy naszą eksplorację tych 10 cudów świata od Agry w Indiach.

When you think about the great and colorful culture, you may imagine the Taj Mahal as one of the most beautiful and popular sites in this country.
Kiedy myślisz o wspaniałej i kolorowej kulturze, możesz wyobrazić sobie Taj Mahal jako jedno z najpiękniejszych i najpopularniejszych miejsc w tym kraju.

It was built just south of the Yamuna River in the 1600s and is more than just a pretty building.
Został zbudowany na południe od rzeki Yamuna w 1600 roku i jest czymś więcej niż tylko ładnym budynkiem.

The Taj Mahal can easily be mistaken for a palace, but did you know that it is actually a memorial, also known as a burial site, mosque, or Muslim's place of prayer?
Taj Mahal można łatwo pomylić z pałacem, ale czy wiesz, że w rzeczywistości jest to miejsce pamięci, znane również jako miejsce pochówku, meczet lub miejsce modlitwy muzułmanów?

During the 1600s, the emperor, Shah Jahan, ordered it to be built in honor of his wife Mumtaz Mahal.
W 1600 roku cesarz Shah Jahan nakazał zbudować go na cześć swojej żony Mumtaz Mahal.

The two leaders ruled during the Mughal Dynasty and were very much in love.
Obaj przywódcy rządzili w czasach dynastii Mogołów i byli w sobie bardzo zakochani.

While giving birth to their 14th child, Mumtaz Mahal died.
Podczas porodu ich 14. dziecka Mumtaz Mahal zmarła.

To honor her, the emperor had the Taj Mahal built as her tomb.
Aby ją uhonorować, cesarz kazał zbudować Taj Mahal jako jej grobowiec.

Nearly 30 years later, he would be laid to rest beside her.
Prawie 30 lat później został pochowany obok niej.

Now, the Taj Mahal is associated with their great love story and is one of the most beautiful sites in the world.
Obecnie Taj Mahal kojarzy się z ich wielką historią miłosną i jest jednym z najpiękniejszych miejsc na świecie.

Known for its perfect symmetry and white marble, the Taj Mahal is an extraordinary success for Indian architecture, but it includes more than the building itself.
Znany z doskonałej symetrii i białego marmuru, Taj Mahal jest niezwykłym sukcesem indyjskiej architektury, ale obejmuje on więcej niż sam budynek.

Beautiful gardens, fountains, and ponds surround the site which adds colors and variety to the landscape.
Piękne ogrody, fontanny i stawy otaczają teren, co dodaje kolorów i urozmaica krajobraz.

Let's learn more about this famous, white building.
Dowiedzmy się więcej o tym słynnym, białym budynku.

History and Construction

Historia i konstrukcja

The building itself took about 21 years to complete, with construction starting in 1632 and finishing in 1653.
Budowa samego budynku trwała około 21 lat i rozpoczęła się w 1632 roku, a zakończyła w 1653 roku.

During that time, architects from the empire and surrounding places worked hard to create a mausoleum, or a building designed as a burial site, worthy of the emperor's wife.
W tym czasie architekci z imperium i okolicznych miejscowości ciężko pracowali, aby stworzyć mauzoleum, czyli budynek zaprojektowany jako miejsce pochówku, godne żony cesarza.

Within their designs, you will notice shapes like domes, elegant arches, and perfectly symmetrical walkways.
W ich projektach można zauważyć kształty takie jak kopuły, eleganckie łuki i idealnie symetryczne chodniki.

However, many people picture the Taj Mahal and only imagine the white-marble structure.
Jednak wiele osób wyobraża sobie Taj Mahal i wyobraża sobie tylko białą marmurową strukturę.

They forget, or are not aware, that entry to this wonder of the world begins by walking through a red sandstone building, adding vibrant colors to your experience.
Zapominają lub nie są świadomi, że wejście do tego cudu świata zaczyna się od przejścia przez budynek z czerwonego piaskowca, dodając żywe kolory do twojego doświadczenia.

On the other end of the grounds stands another identical red sandstone building.
Na drugim końcu terenu stoi kolejny identyczny budynek z czerwonego piaskowca.

One of these buildings is actually a mosque, which people use as a place of prayer or reflection, and the other is a guesthouse.
Jeden z tych budynków to w rzeczywistości meczet, którego ludzie używają jako miejsca modlitwy lub refleksji, a drugi to hotel dla gości.

Imagine what it would be like to stay at the Taj Mahal for a night!
Wyobraź sobie, jak by to było zostać na noc w Taj Mahal!

Inside the Taj Mahal, you will notice inscriptions from the Qur'an, the Islamic sacred text, have been written on the walls.
Wewnątrz Taj Mahal na ścianach znajdują się inskrypcje z Koranu, świętego tekstu islamu.

But, unless you read Arabic, you won't be able to understand them.
Ale jeśli nie czytasz po arabsku, nie będziesz w stanie ich zrozumieć.

This stunning detail adds complexity to the designs and respect for their religion.
Ten oszałamiający szczegół dodaje złożoności projektom i szacunku dla ich religii.

Another religious symbol found inside the Taj Mahal is seen in how the interior is laid out.
Innym symbolem religijnym znajdującym się wewnątrz Taj Mahal jest sposób rozplanowania wnętrza.

The room that holds the tombs of Mumtaz and Shah Mahal features eight halls, platforms, and side rooms.
Pomieszczenie, w którym znajdują się grobowce Mumtaz i Shah Mahal, obejmuje osiem sal, platform i pomieszczeń bocznych.

The number eight is a reference to their belief in the eight levels of paradise.
Liczba osiem odnosi się do ich wiary w osiem poziomów raju.

Other features that add to the beauty of this building are the colorful stones like amethyst, onyx, and lapis lazuli, and detailed floral carvings.

Inne cechy, które dodają piękna temu budynkowi, to kolorowe kamienie, takie jak ametyst, onyks i lapis lazuli oraz szczegółowe rzeźby kwiatowe.

The Taj Mahal Today

Taj Mahal dzisiaj

Tourists come from all over the world to view the building famous for its visual appeal, and to see the monument made in the name of love.
Turyści przybywają z całego świata, aby zobaczyć budynek słynący z atrakcyjności wizualnej i zobaczyć pomnik wykonany w imię miłości.

In 1983, the Taj Mahal was named a UNESCO World Heritage Site.
W 1983 roku Taj Mahal został wpisany na listę światowego dziedzictwa UNESCO.

This means that the Taj Mahal has been recognized as one of the most special places in the world because of its beauty, cultural importance, and iconic history.
Oznacza to, że Taj Mahal został uznany za jedno z najbardziej wyjątkowych miejsc na świecie ze względu na swoje piękno, znaczenie kulturowe i kultową historię.

As tourism increases, the Taj Mahal is exposed to forces like air pollution, erosion, and natural disasters.
Wraz ze wzrostem ruchu turystycznego Taj Mahal jest narażony na działanie takich czynników jak zanieczyszczenie powietrza, erozja i klęski żywiołowe.

This means that the historic landmark needs some help if we want it to remain one of the most beautiful sites in the world.
Oznacza to, że historyczny punkt orientacyjny potrzebuje pomocy, jeśli chcemy, aby pozostał jednym z najpiękniejszych miejsc na świecie.

When air pollution surrounds the building, the perfectly white marble begins to change colors and deteriorate.
Kiedy zanieczyszczenie powietrza otacza budynek, idealnie biały marmur zaczyna zmieniać kolory i niszczeć.

To protect their valuable landscape, the Indian government has placed rules on the amount of emissions that can be released around the Taj Mahal.
Aby chronić swój cenny krajobraz, indyjski rząd wprowadził zasady dotyczące ilości emisji, które mogą być uwalniane wokół Taj Mahal.

A natural force that could impact the preservation of the Taj Mahal is the drying up of the Yamuna River.
Naturalną siłą, która może mieć wpływ na zachowanie Taj Mahal, jest wysychanie rzeki Jamuny.

If the river becomes deserted, the soil, and therefore the foundation of the building, may cause damage to the buildings.
Jeśli rzeka stanie się bezludna, gleba, a tym samym fundamenty budynku, mogą spowodować uszkodzenie budynków.

Damage to the site includes cracks in the walls, tipping, and even sinking of the building.
Uszkodzenia obiektu obejmują pęknięcia ścian, przechylenie, a nawet zatonięcie budynku.

Luckily, the building is regularly checked and is in good, stable condition.
Na szczęście budynek jest regularnie sprawdzany i znajduje się w dobrym, stabilnym stanie.

What does the Taj Mahal represent to you?
Co reprezentuje dla ciebie Taj Mahal?

A place built in the name of love?
Miejsce zbudowane w imię miłości?

Or does it seem like Shah Jahan was trying to show off his wealth and power through building such a beautiful work of art?
A może wydaje się, że Szahdżahan próbował pokazać swoje bogactwo i władzę, budując tak piękne dzieło sztuki?

Today, the Taj Mahal is mostly known as a symbol of love, but also reminds people of the power and wealth associated with the empire.

Dziś Taj Mahal jest znany głównie jako symbol miłości, ale także przypomina ludziom o potędze i bogactwie związanym z imperium.

Theories

Teorie

- One thought about the inspiration behind the Taj Mahal is that the emperor would have built it even if his wife hadn't died.
- *Jedną z myśli na temat inspiracji stojącej za Taj Mahal jest to, że cesarz zbudowałby go nawet, gdyby jego żona nie umarła.*

- Some believe that additional reasoning for building the monument was an act of religious devotion, stating that the Taj Mahal is a symbol of the seat of God.
- *Niektórzy uważają, że dodatkowym powodem budowy pomnika był akt religijnego oddania, twierdząc, że Taj Mahal jest symbolem siedziby Boga.*

- The last theory about the inspiration behind the building is that it was built to represent a luxurious paradise.
- *Ostatnią teorią na temat inspiracji stojącej za budynkiem jest to, że został on zbudowany, aby reprezentować luksusowy raj.*

This theory supports the wealth and power that was displayed during the construction process.
Teoria ta wspiera bogactwo i władzę, które zostały pokazane podczas procesu budowy.

No matter the reason, or hidden motivation, for building the Taj Mahal, it is no secret that it has easily become one of the most praised landmarks of the world.
Bez względu na powód lub ukrytą motywację do budowy Taj Mahal, nie jest tajemnicą, że z łatwością stał się jednym z najbardziej chwalonych zabytków na świecie.

Its stunning visual appeal and romantic backstory make it a popular tourist destination, and one of the 10 wonders of the world.
Jego oszałamiający wygląd i romantyczna historia sprawiają, że jest to popularne miejsce turystyczne i jeden z 10 cudów świata.

Chapter 2: Great Wall of China

Have you ever been to China?
Czy kiedykolwiek byłeś w Chinach?

We will travel there next, on our list of the 10 wonders of the world.
Udamy się tam w następnej kolejności, na naszej liście 10 cudów świata.

The Great Wall of China is known for its incredible and magnificent feat of extending across land and time.
Wielki Mur Chiński jest znany ze swojego niesamowitego i wspaniałego rozmiaru rozciągającego się w czasie i przestrzeni.

What I think is most impressive about the Great Wall of China is that it has easily become one of the most recognizable places in the world all because of its construction and iconic history.
To, co moim zdaniem jest najbardziej imponujące w Wielkim Murze Chińskim, to fakt, że z łatwością stał się on jednym z najbardziej rozpoznawalnych miejsc na świecie ze względu na swoją konstrukcję i kultową historię.

History and Construction
Historia i konstrukcja

Running east to west, the wall starts in Shanhaiguan and ends in Jiayuguan, but is primarily known to be located in Beijing.
Biegnący ze wschodu na zachód mur zaczyna się w Shanhaiguan, a kończy w Jiayuguan, ale wiadomo, że znajduje się głównie w Pekinie.

This is because most of the preserved and structurally sound parts of the wall are located here.
To dlatego, że większość zachowanych i strukturalnie zdrowych części muru znajduje się właśnie tutaj.

Maybe you normally picture the Great Wall of China surrounded by lots of green hills and a background of mountains.
Być może zwykle wyobrażasz sobie Wielki Mur Chiński otoczony mnóstwem zielonych wzgórz i tłem gór.

However, the wall stretches across so many different natural landscapes; it runs through mountains, plains, rivers, and deserts.
Jednak mur rozciąga się na tak wiele różnych naturalnych krajobrazów; biegnie przez góry, równiny, rzeki i pustynie.

The Great Wall of China was no small feat; it reaches up to 13,171 miles and the average height of the wall stands 25 feet high.
Wielki Mur Chiński to nie lada budowla; jego długość sięga 13 171 mil, a średnia wysokość wynosi 25 stóp.

However, only about 5,000 miles of the wall have been beautifully preserved.
Jednak tylko około 5000 mil muru zostało pięknie zachowane.

That is still a huge length for a wall!
To wciąż ogromna długość jak na mur!

Building began in the 3rd century B.C.E., and did not stop until the 17th century during the Ming Dynasty.
Budowę rozpoczęto w III wieku p.n.e. i nie zaprzestano jej aż do XVII wieku podczas panowania dynastii Ming.

This means that the wall is about 3,000 years old!
Oznacza to, że mur ma około 3000 lat!

What do you think of when you imagine a wall this old?
O czym myślisz, gdy wyobrażasz sobie tak stary mur?

To the Chinese empire, the wall symbolizes protection.
Dla chińskiego imperium mur symbolizuje ochronę.

The rulers of China believed that they could use this wall to protect their empire from surrounding forces.
Władcy Chin wierzyli, że mogą wykorzystać ten mur do ochrony swojego imperium przed otaczającymi siłami.

They built watchtowers, shelters, and additional walls that run parallel to the main one.
Zbudowali wieże strażnicze, schrony i dodatkowe mury biegnące równolegle do głównego.

By doing this, these ancient soldiers could send simple messages to each other.
W ten sposób starożytni żołnierze mogli wysyłać do siebie proste wiadomości.

They would use banners, smoke, and fire to signal to one another.
Używali sztandarów, dymu i ognia, aby sygnalizować sobie nawzajem.

Once the signal was sent, it could be passed down the wall by lighting fires or waving more banners at each watchtower.
Po wysłaniu sygnału można go było przekazać w dół muru, rozpalając ogniska lub machając kolejnymi sztandarami na każdej wieży strażniczej.

The wall was used many times to protect the Chinese dynasties.
Mur był wielokrotnie wykorzystywany do ochrony chińskich dynastii.

For example, during the Song dynasty, the empire had to move back behind the wall due to the advancements of the Liao and Jin dynasties.
Na przykład za czasów dynastii Song imperium musiało wycofać się za mur z powodu postępów dynastii Liao i Jin.

Other dynasties that were safe from invaders had no use for the wall and only used it for trading and travel.
Inne dynastie, które były bezpieczne przed najeźdźcami, nie korzystały z muru i używały go tylko do handlu i podróży.

The Qin Dynasty was the start of the Great Wall of China.
Dynastia Qin była początkiem Wielkiego Muru Chińskiego.

The leader of this time, Shihuangdi, used parts of the former walls built by the earlier civilization to create one larger wall that was used to protect the land from northern invaders.
Ówczesny przywódca, Shihuangdi, wykorzystał części dawnych murów zbudowanych przez wcześniejszą cywilizację do stworzenia jednego większego muru, który służył do ochrony ziemi przed najeźdźcami z północy.

This became the early start of the Great Wall of China we know today.
Stało się to wczesnym początkiem Wielkiego Muru Chińskiego, który znamy dzisiaj.

However, after the fall of the Qin Dynasty, the wall was left untouched for some time.
Jednak po upadku dynastii Qin mur pozostał nietknięty przez jakiś czas.

Next, the Han Dynasty picked up on the construction of the wall as a way to fight against another enemy of China, Xinognu.
Następnie dynastia Han podjęła budowę muru jako sposób na walkę z innym wrogiem Chin, Xinognu.

During this time, the Great Wall also contributed to the expansion of trading and traveling.
W tym czasie Wielki Mur przyczynił się również do rozwoju handlu i podróży.

Many dynasties throughout time contributed to the construction and repair of the wall.
Wiele dynastii na przestrzeni czasu przyczyniło się do budowy i naprawy muru.

Some of the most notable dynasties who played a role in the construction are the Northern Wei, Sui, Jin, and Ming dynasties.
Niektóre z najbardziej znaczących dynastii, które odegrały rolę w budowie, to dynastie Northern Wei, Sui, Jin i Ming.

The dynasty that helped strengthen the wall the most was the Ming dynasty.
Dynastią, która najbardziej przyczyniła się do wzmocnienia muru była dynastia Ming.

During this time, most of the wall we see today was built using bricks.
W tym czasie większość murów, które widzimy dzisiaj, została zbudowana z cegieł.

Do you remember how we talked about the best-preserved part of the wall being found in Beijing?
Pamiętasz, jak rozmawialiśmy o tym, że najlepiej zachowana część muru znajduje się w Pekinie?

This is because Beijing was the capital of the Ming dynasty.
Pekin był bowiem stolicą dynastii Ming.

The wall was built using materials like stone, brick, sand, and dirt.
Mur został zbudowany z materiałów takich jak kamień, cegła, piasek i ziemia.

The wall expanded over many different areas of the empire, so the people who built it had to use what was available based on their natural surroundings and technology.
Mur rozciągał się na wiele różnych obszarów imperium, więc ludzie, którzy go zbudowali, musieli korzystać z tego, co było dostępne w oparciu o ich naturalne otoczenie i technologię.

The builders would have to adjust their techniques and materials for many different reasons.
Budowniczowie musieliby dostosować swoje techniki i materiały z wielu różnych powodów.

Because the wall stretches over many different landscapes like mountains, hills, and plains, the builders could not use one single method to transport materials.
Ponieważ mur rozciąga się na wielu różnych terenach, takich jak góry, wzgórza i równiny, budowniczowie nie mogli użyć jednej metody transportu materiałów.

Sometimes wheelbarrows and animals were used, and other times all that could be used were their bare hands.
Czasami używano taczek i zwierząt, a innym razem wystarczyły gołe ręce.

It is estimated that about 100,000,000 metric tons of materials were used to build the wall.
Szacuje się, że do budowy muru wykorzystano około 100 000 000 ton metrycznych materiałów.

Imagine having to carry that over miles and miles!
Wyobraź sobie, że musisz nieść to przez wiele kilometrów!

Another reason the builders had to adjust the wall to their surroundings is that China is such a large country that its landscape varies.
Innym powodem, dla którego budowniczowie musieli dostosować mur do otoczenia, jest fakt, że Chiny są tak dużym krajem, że ich krajobraz jest zróżnicowany.

Some parts of the wall were built using stone, because that was the most available resource; while some parts of the wall had to be built with sand or dirt because stones were not around that location.
Niektóre części muru zostały zbudowane z kamienia, ponieważ był to najbardziej dostępny surowiec; podczas gdy niektóre części muru musiały zostać zbudowane z piasku lub ziemi, ponieważ kamienie nie były dostępne w pobliżu.

The Great Wall of China Today
Wielki Mur Chiński dzisiaj

The Great Wall of China did not become a UNESCO World Heritage Site until 1987.
Wielki Mur Chiński został wpisany na listę światowego dziedzictwa UNESCO dopiero w 1987 roku.

Today, most tourists visit Beijing, China if they wish to walk across the wall themselves.
Obecnie większość turystów odwiedza Pekin w Chinach, jeśli chcą sami przejść przez mur.

There are many hiking routes, beautiful photo spots, and tours that you can take to experience the wall.
Istnieje wiele szlaków turystycznych, pięknych miejsc do robienia zdjęć i wycieczek, które można odbyć, aby doświadczyć muru.

Even if you would like to visit the wall and enjoy its amazing views, tourism companies have to be careful to not disturb the preservation of the wall.
Nawet jeśli chciałbyś odwiedzić mur i cieszyć się jego niesamowitymi widokami, firmy turystyczne muszą uważać, aby nie naruszyć stanu zachowania muru.

We should want to maintain something as iconic and historic as the Great Wall of China!

Powinniśmy chcieć zachować coś tak kultowego i historycznego jak Wielki Mur Chiński!

It is such an important part of Chinese history and has protected the empire for thousands of years.
Jest to tak ważna część chińskiej historii i chroniła imperium przez tysiące lat.

Unfortunately, parts of the wall have been torn down to accommodate tourism, roads, and even to be used as building materials.
Niestety, części muru zostały zburzone, aby dostosować je do turystyki, dróg, a nawet do wykorzystania jako materiały budowlane.

On the other hand, certain parts of the wall have been protected and restored between the 1950s through 2000.
Z drugiej strony, niektóre części muru zostały zabezpieczone i odrestaurowane w latach 1950-2000.

This means that certain parts of the wall are not the original material, but the layout and structure remain the same.
Oznacza to, że niektóre części ściany nie są wykonane z oryginalnego materiału, ale układ i struktura pozostają takie same.

This incredible wonder of the world is one of the most popular and well-known sites, but there are still so many other places to explore.
Ten niesamowity cud świata jest jednym z najbardziej popularnych i znanych miejsc, ale wciąż jest tak wiele innych miejsc do odkrycia.

Get ready as we continue to explore the eight other sites of the world.

Przygotuj się na dalsze odkrywanie ośmiu innych miejsc na świecie.

Chapter 3: Machu Picchu

Let's travel to South America next, where we will explore lush, tropical forests, an abundance of plants and animals, mountains, and one of the most visited places in Peru, Machu Picchu.
Następnie udajmy się do Ameryki Południowej, gdzie odkryjemy bujne, tropikalne lasy, bogactwo roślin i zwierząt, góry oraz jedno z najczęściej odwiedzanych miejsc w Peru, Machu Picchu.

History and Construction
Historia i konstrukcja

Did you know that Machu Picchu is actually the remains of an Inca citadel?
Czy wiesz, że Machu Picchu to tak naprawdę pozostałości inkaskiej cytadeli?

The Inca were a group of South American natives who lived in the Andes beginning around the 12th century.
Inkowie byli grupą południowoamerykańskich tubylców, którzy żyli w Andach od około XII wieku.

Although you may think that this ancient empire was primitive, they were a complex civilization that had religious beliefs, a government, social classes, and technology.
Chociaż można by pomyśleć, że to starożytne imperium było prymitywne, było ono złożoną cywilizacją, która posiadała wierzenia religijne, rząd, klasy społeczne i technologię.

However, soon after it was built, the area was taken over by Spanish conquistadors.
Jednak wkrótce po jego wybudowaniu obszar ten został przejęty przez hiszpańskich konkwistadorów.

When they first landed in South America, their disease and weapons led to the destruction of the Inca empire.
Kiedy po raz pierwszy wylądowali w Ameryce Południowej, ich choroby i broń doprowadziły do zniszczenia imperium Inków.

Luckily, one of their greatest successes was left behind for us to marvel at.
Na szczęście jeden z ich największych sukcesów pozostał, abyśmy mogli go podziwiać.

Built on top of a mountain, Machu Picchu rests between the Peruvian Andes and Amazon Basin and was built in 1450, although it wasn't discovered until 1911.
Zbudowane na szczycie góry Machu Picchu znajduje się pomiędzy peruwiańskimi Andami a dorzeczem Amazonki i zostało zbudowane w 1450 roku, choć odkryto je dopiero w 1911 roku.

Even though we have had time to study and search around it, people struggle to figure out what it was used for.
Mimo, że mieliśmy czas, aby ją zbadać i przeszukać, ludzie mają trudności z ustaleniem, do czego budowana była używana.

We can take a guess based on the structure of Machu Picchu.
Możemy zgadywać na podstawie struktury Machu Picchu.

This site is described as a citadel, or a place set on high ground that was used to protect the nearby city.
Miejsce to opisywane jest jako cytadela, czyli miejsce położone na wysokim terenie, które służyło do ochrony pobliskiego miasta.

Machu Picchu holds many religious temples, monuments, terraces, ramps, and walls.
Machu Picchu posiada wiele świątyń religijnych, pomników, tarasów, ramp i murów.

Some of the most notable things located within Machu Picchu include the Temple of the Sun, which was used to worship the sun god, and Inthuatana, a sculpture used as a clock and calendar.
Niektóre z najbardziej godnych uwagi rzeczy znajdujących się w Machu Picchu to Świątynia Słońca, która służyła do czczenia boga słońca, oraz Inthuatana, rzeźba używana jako zegar i kalendarz.

All of these features were built using stone packed tightly together that has stood despite natural forces like rain, wind, and landslides.

Wszystkie te elementy zostały zbudowane z kamienia ciasno upakowanego razem, który przetrwał pomimo sił natury, takich jak deszcz, wiatr i osuwiska.

The area is divided into two levels; one for farming and the other for living.
Obszar ten jest podzielony na dwa poziomy: jeden do celów rolniczych, a drugi do celów mieszkalnych.

A common area stands in between the two levels.
Pomiędzy dwoma poziomami znajduje się wspólny obszar.

Additionally, each room was used for either religious or administrative purposes.
Dodatkowo, każde pomieszczenie było wykorzystywane do celów religijnych lub administracyjnych.

What do you think this ancient civilization could have used Machu Picchu for?
Jak myślisz, do czego ta starożytna cywilizacja mogła wykorzystywać Machu Picchu?

Theories suggest that it was built to be a mausoleum, a building used as a burial chamber, much like the Taj Mahal.
Teorie sugerują, że został zbudowany jako mauzoleum, budynek używany jako komora grobowa, podobnie jak Taj Mahal.

This theory states that Machu Picchu holds the final resting place of Pachacutec, the Inca leader most commonly associated with the building of Machu Picchu.
Teoria ta głosi, że Machu Picchu jest miejscem ostatniego spoczynku Pachacuteca, inkaskiego przywódcy najczęściej kojarzonego z budową Machu Picchu.

Other people think that Pachacutec ordered the building of Machu Picchu as a vacation or refuge place for the elites of their empire.
Inni uważają, że Pachacutec zlecił budowę Machu Picchu jako miejsca wypoczynku lub schronienia dla elit swojego imperium.

Imagine taking your vacation at the top of a mountain.
Wyobraź sobie wakacje na szczycie góry.

Wouldn't that be a great view?
Czyż nie byłby to wspaniały widok?

The location between the Andes and the Amazon leads other people to believe that it was made to be a link between the two areas.
Położenie między Andami i Amazonką prowadzi innych ludzi do przekonania, że został stworzony, aby być łącznikiem między tymi dwoma obszarami.

Standing 2,430 feet above sea level, and only about 80 miles from the Inca capital, Cusco, Machu Picchu stands out for its stunning, natural beauty.
Machu Picchu, wznoszące się 2430 metrów nad poziomem morza i oddalone zaledwie o 80 mil od stolicy Inków, Cusco, wyróżnia się oszałamiającym, naturalnym pięknem.

What I find most interesting about Machu Picchu is the number of plants and animals that surround the area.
To, co uważam za najbardziej interesujące w Machu Picchu, to liczba roślin i zwierząt, które otaczają ten obszar.

The amount of wildlife that surrounds the mountain adds to the natural beauty.
Ilość dzikiej przyrody, która otacza górę, dodaje jej naturalnego piękna.

There are over 300 types of flowers that you can find there.
Można tam znaleźć ponad 300 rodzajów kwiatów.

Imagine trying to find each of them!
Wyobraź sobie próbę znalezienia każdego z nich!

This is also the one location in the world that has the most amount of native orchids.
Jest to również jedyne miejsce na świecie, w którym występuje najwięcej rodzimych orchidei.

And, of course, where there are beautiful flowers, you will find a wide range of butterflies.
I oczywiście tam, gdzie są piękne kwiaty, można znaleźć szeroką gamę motyli.

Different trees include white cedar, alder, husk, and many more.
Różne drzewa obejmują biały cedr, olchę, łuskę i wiele innych.

Animals that call Machu Picchu their home include foxes, bears, pumas, white-tailed deer, and reptiles like snakes and lizards.
Zwierzęta, które nazywają Machu Picchu swoim domem, to lisy, niedźwiedzie, pumy, jelenie i gady, takie jak węże i jaszczurki.

The Urubamba River crosses east to west, north of the site.
Rzeka Urubamba przepływa ze wschodu na zachód, na północ od terenu.

It may not be a part of the site itself, but it does play a role in the ecosystem that lives on the mountain.
Być może nie jest to część samego miejsca, ale odgrywa rolę w ekosystemie, który żyje na górze.

Machu Picchu owes most of its beauty to the surrounding plants, animals, and natural landscapes, but this also means that this wonder of the world heavily relies on the preservation of this ecosystem.
Machu Picchu zawdzięcza większość swojego piękna otaczającym go roślinom, zwierzętom i naturalnym krajobrazom, ale oznacza to również, że ten cud świata w dużej mierze zależy od zachowania tego ekosystemu.

We would have a completely different view without the magnificent plants and animals that live there.
Mielibyśmy zupełnie inny widok bez wspaniałych roślin i zwierząt, które tam żyją.

Luckily, there are things that you can do to protect it!
Na szczęście są rzeczy, które można zrobić, aby go chronić!

These include properly disposing of waste, preventing air and water pollution, and avoiding interference with any wildlife.
Obejmują one prawidłowe usuwanie odpadów, zapobieganie zanieczyszczeniu powietrza i wody oraz unikanie ingerencji w dziką przyrodę.

Tourism is great to teach people about this wonderful site, but can also lead to a disruption in the ecosystem to accommodate the number of tourists.
Turystyka jest świetna, aby uczyć ludzi o tym wspaniałym miejscu, ale może również prowadzić do zakłóceń w ekosystemie, aby pomieścić liczbę turystów.

Machu Picchu Today
Machu Picchu dzisiaj

Peru protects Machu Picchu in a number of ways.
Peru chroni Machu Picchu na wiele sposobów.

Efforts are made to allow for tourists' transportation while also protecting the site, preventing pollution of the Uruamba river and forests, and restoring damaged areas.
Podejmowane są wysiłki, aby umożliwić transport turystów, jednocześnie chroniąc to miejsce, zapobiegając zanieczyszczeniu rzeki Uruamba i lasów oraz przywracając zniszczone obszary.

Of course, there is nothing that we can do to prevent natural disasters that could impact the preservation of Machu Picchu.
Oczywiście nie możemy nic zrobić, aby zapobiec klęskom żywiołowym, które mogłyby wpłynąć na zachowanie Machu Picchu.

Even though the structure has stood for many years without our help, we should still look out for its safekeeping.
Pomimo tego, że struktura ta stała przez wiele lat bez naszej pomocy, nadal powinniśmy dbać o jej bezpieczeństwo.

Machu Picchu became a UNESCO World Heritage Site in 1983.
Machu Picchu zostało wpisane na Listę Światowego Dziedzictwa UNESCO w 1983 roku.

Since then, it has become a popular tourist site to explore the natural beauty of Peru.
Od tego czasu stało się popularnym miejscem turystycznym do odkrywania naturalnego piękna Peru.

Most people visit Machu Picchu for its stunning, natural beauty, but it is also a great outdoor adventure.
Większość ludzi odwiedza Machu Picchu ze względu na jego oszałamiające, naturalne piękno, ale jest to także wspaniała przygoda na świeżym powietrzu.

Climb the mountain on a famous Inca trail, visit the sacred temples, look for a number of plants and animals, or take a picture on top of the world with one of the most breathtaking views.
Wspinaj się na górę słynnym szlakiem Inków, odwiedź święte świątynie, poszukaj wielu roślin i zwierząt lub zrób zdjęcie na szczycie świata z jednym z najbardziej zapierających dech w piersiach widoków.

I know I would love to see the sunset atop Machu Picchu.
Wiem, że chciałabym zobaczyć zachód słońca na szczycie Machu Picchu.

Chapter 4: The Colosseum

Ancient Rome is known for many things; its military and political power, the social hierarchy, mythology, and historic Colosseum.
Starożytny Rzym znany jest z wielu rzeczy: potęgi militarnej i politycznej, hierarchii społecznej, mitologii i historycznego Koloseum.

Travel back in time with me to the year 70, almost 2,000 years ago, to explore this wondrous and ancient site.
Cofnij się ze mną w czasie do roku 70, prawie 2000 lat temu, aby odkryć to cudowne i starożytne miejsce.

History and Construction
Historia i konstrukcja

Emperor Vespasian was the person to commission the building of the Colosseum as a kind gesture to the people of Rome.
Cesarz Wespazjan był osobą, która zleciła budowę Koloseum jako dowód uprzejmości dla mieszkańców Rzymu.

The leader before Vespasian, Nero, had built himself a luxurious palace instead of helping the Romans who had just suffered from a fire.
Przywódca przed Wespazjanem, Neron, zbudował sobie luksusowy pałac, zamiast pomóc Rzymianom, którzy właśnie ucierpieli w pożarze.

To give back to the people, Vespasian tore down Nero's palace and built the Colosseum, but he never got to see the complete structure.
Aby odwdzięczyć się ludziom, Wespazjan zburzył pałac Nerona i zbudował Koloseum, ale nigdy nie zobaczył całej konstrukcji.

The project took about 10 years to complete, finishing in the 80th century under Vespasin's son, Titus.
Realizacja projektu zajęła około 10 lat i zakończyła się w 80. wieku pod rządami syna Wespazjana, Tytusa.

He opened the amphitheater with 100 days of games, including the famous gladiator fights.
On *otworzył amfiteatr 100 dniami igrzysk, w tym słynnymi walkami gladiatorów.*

Keep in mind that 100 days is just over three months!
Należy pamiętać, że 100 dni to nieco ponad trzy miesiące!

How many soldiers do you think participated in this celebration?
Jak myślisz, ilu żołnierzy wzięło udział w tej uroczystości?

After a few years of use, the next ruler and brother to Titus, Domitian, further expanded the Colosseum by adding the highest story.
Po kilku latach użytkowania, kolejny władca i brat Tytusa, Domicjan, jeszcze bardziej rozbudował Koloseum, dodając najwyższą kondygnację.

The Colosseum is most famous for being the largest arena that hosted gladiator fights.
Koloseum jest najbardziej znane jako największa arena, na której odbywały się walki gladiatorów.

Imagine spending an entire day in the amphitheater next to 50,000 other people to watch some of the strongest men in the empire fight for hours and hours.
Wyobraź sobie, że spędzasz cały dzień w amfiteatrze obok 50 000 innych ludzi, aby oglądać kilku najsilniejszych mężczyzn w imperium walczących przez wiele godzin.

This is what the Romans would do!
To właśnie zrobili Rzymianie!

Fierce soldiers would fight for fun as a show of strength with each other or against animals.
Zaciekli żołnierze walczyli dla zabawy jako pokaz siły ze sobą lub ze zwierzętami.

Sometimes they would fight using specialized weapons, and other times they would fight with their bare hands.

Czasami walczyli przy użyciu specjalistycznej broni, a innym razem gołymi rękami.

But the Colosseum featured more than just gladiator fights.
Koloseum oferowało jednak coś więcej niż tylko walki gladiatorów.

Think of it as your local events center.
Pomyśl o tym jak o lokalnym centrum wydarzeń.

People would visit to see exotic animals, performances of battles, and prisoner executions.
Ludzie odwiedzali to miejsce, aby zobaczyć egzotyczne zwierzęta, inscenizacje bitew i egzekucje więźniów.

Some rumors even suggest that the Colosseum would sometimes be filled with water so that water sports or fights could take place.
Niektóre plotki sugerują nawet, że Koloseum było czasami wypełniane wodą, aby umożliwić uprawianie sportów wodnych lub walki.

Over the years, the Colosseum has been used for other purposes, depending on who occupied the area.
Przez lata Koloseum było wykorzystywane do innych celów, w zależności od tego, kto zajmował dany obszar.

It has been used as a church, fortress, and has even been torn down to create materials for other building projects.
Był używany jako kościół, forteca, a nawet został zburzony w celu uzyskania materiałów do innych projektów budowlanych.

Did you know that the Colosseum wasn't always the name of this site?
Czy wiesz, że Koloseum nie zawsze było nazwą tego miejsca?

When it was first built, the Colosseum was actually called the "Flavian Amphitheater." The word "Flavian" comes from the name of the family that built it, Vespasian, and his sons Titus and Domitian.
Kiedy Koloseum zostało zbudowane po raz pierwszy, nosiło nazwę "Amfiteatr Flawiuszów". Słowo "flawijski" pochodzi od nazwiska rodziny, która go zbudowała, Wespazjana i jego synów Tytusa i Domicjana.

They ruled during the Flavian dynasty.
Oni *rządzili w czasach dynastii Flawiuszów.*

The Colosseum isn't only well-known for the events that took place there.
Koloseum jest znane nie tylko z wydarzeń, które miały tam miejsce.

The building itself is a marvel, especially because of the size and grand nature of the project.
Sam budynek jest cudem, zwłaszcza ze względu na rozmiar i imponujący charakter projektu.

An amphitheater is typically a round, freestanding building that is used to host events or performances.
Amfiteatr to zazwyczaj okrągły, wolnostojący budynek wykorzystywany do organizacji wydarzeń lub występów.

If a group of your friends were to stand in a circle around you and you were the center of the circle, this would resemble an extremely simple version of an amphitheater.
Jeśli grupa twoich znajomych stanęłaby w kręgu wokół ciebie, a ty byłbyś środkiem tego kręgu, przypominałoby to niezwykle prostą wersję amfiteatru.

Most of the amphitheaters before and during this time were built into the ground of hills, but the Colosseum was made to stand on its own, built with stone and concrete.
Większość amfiteatrów przed i w tym czasie była wbudowana w ziemię wzgórz, ale Koloseum zostało zbudowane z kamienia i betonu.

This feature alone makes it stand out against the other amphitheaters that had already been built.
Już sama ta cecha wyróżnia go na tle innych amfiteatrów, które zostały już zbudowane.

Standing 510 feet wide and 620 feet long, it is the biggest amphitheater of its time.
Mierzący 510 stóp szerokości i 620 stóp długości, jest największym amfiteatrem swoich czasów.

It stands three stories of seating, each featuring a number of arched entrances.
Znajdują się w nim trzy piętra siedzeń, każde z wieloma łukowatymi wejściami.

You will find that arches and columns were used very often in this style of architecture.
Można zauważyć, że łuki i kolumny były bardzo często używane w tym stylu architektonicznym.

In the entire amphitheater, there are about 80 arched entryways that are supported by columns.
W całym amfiteatrze znajduje się około 80 łukowatych wejść wspartych na kolumnach.

To make the building more detailed, the columns in each story were made in a different style.
Aby uczynić budynek bardziej szczegółowym, kolumny na każdym piętrze zostały wykonane w innym stylu.

At the bottom, was the most ordinary column, called the Doric order.
Na dole znajdowała się najzwyklejsza kolumna, zwana porządkiem doryckim.

Next, the second story featured the Ionic order, which was still plain compared to the third story's columns.
Następnie, na drugiej kondygnacji znajdował się porządek joński, który nadal był prosty w porównaniu z kolumnami na trzeciej kondygnacji.

At the very top, the third story of the Colosseum was supported using the Corinthian order, the most elaborate and decorated column.
Na samym szczycie, trzecia kondygnacja Koloseum została wsparta za pomocą porządku korynckiego, najbardziej wyszukanej i zdobionej kolumny.

Social status probably impacted where the Romans could sit.
Status społeczny prawdopodobnie wpływał na to, gdzie Rzymianie mogli siedzieć.

The wealthier people sat in the more elaborate sections, while the others sat together in the less decorated areas.
Bogatsi ludzie siedzieli w bardziej wyszukanych sekcjach, podczas gdy inni siedzieli razem w mniej udekorowanych obszarach.

When you go outside, you may be able to use sunscreen, but the ancient Romans didn't.
Kiedy wychodzisz na zewnątrz, możesz używać filtrów przeciwsłonecznych, ale starożytni Rzymianie tego nie robili.

They had to find another way to protect themselves from the heat of the sun while being out at the Colosseum all day.
Musieli znaleźć inny sposób, aby chronić się przed gorącem słońca podczas całodziennego przebywania w Koloseum.

It's not there anymore, but there once was a roof-like feature called an "awning" that was made of canvas and could be manually extended and retracted.
Nie ma go już, ale kiedyś istniał podobny do dachu element zwany "markizą", który był wykonany z płótna i mógł być ręcznie wysuwany i chowany.

The machinery for this rooftop was hidden away in the highest story.
Maszyny na tym dachu były ukryte na najwyższym piętrze.

The Colosseum Today

Koloseum dzisiaj

Natural forces, like earthquakes and lightning, have damaged the Colosseum.
Siły natury, takie jak trzęsienia ziemi i błyskawice, uszkodziły Koloseum.

Unfortunately, there is nothing that we can do to prevent this; we can only continue to repair it and prevent further damage caused by humans.
Niestety, nie możemy nic zrobić, aby temu zapobiec; możemy jedynie kontynuować naprawę i zapobiegać dalszym szkodom powodowanym przez ludzi.

Over 2,000 years, people have looted, vandalized, polluted, and torn apart the structure to the point that only about one-third of the original site is still standing.
W ciągu ponad 2000 lat ludzie splądrowali, zdewastowali, zanieczyścili i rozerwali strukturę do tego stopnia, że tylko około jedna trzecia oryginalnego miejsca wciąż stoi.

Pollution from the air has damaged the marble and stone details in the building.
Zanieczyszczenia z powietrza uszkodziły marmurowe i kamienne detale budynku.

The bombs dropped during World War II have also caused immense damage to this iconic place.
Bomby zrzucone podczas II wojny światowej również spowodowały ogromne szkody w tym kultowym miejscu.

Preservation of the Colosseum didn't take place until the 18th century, when Christians claimed that the site should be protected because of the link between martyrs and the Colosseum.
Konserwacja Koloseum miała miejsce dopiero w XVIII wieku, kiedy chrześcijanie twierdzili, że miejsce to powinno być chronione ze względu na związek między męczennikami a Koloseum.

This link was never proven, but it led to the conservation of the site.
Związek ten nigdy nie został udowodniony, ale doprowadził do ochrony tego miejsca.

Since then, the preservation and restoration process has become more important, especially as time and natural forces continue to weather down the structure.
Od tego czasu proces konserwacji i renowacji stał się jeszcze ważniejszy, zwłaszcza że czas i siły natury nadal niszczą konstrukcję.

Now, if you want to visit the Colosseum, you can join one of the many tours of this historical place.
Teraz, jeśli chcesz odwiedzić Koloseum, możesz dołączyć do jednej z wielu wycieczek po tym historycznym miejscu.

Tourism is a great way to share the wonder with people across the world and throughout time.
Turystyka to świetny sposób na dzielenie się cudami z ludźmi na całym świecie i w każdym czasie.

If you do get to visit it, try to imagine yourself living in ancient Rome, visiting the Colosseum to watch a performance, or imagine that you are a soldier participating in the gladiator fights!
Jeśli uda ci się go odwiedzić, spróbuj wyobrazić sobie, że żyjesz w starożytnym Rzymie, odwiedzasz Koloseum, aby obejrzeć przedstawienie, lub wyobraź sobie, że jesteś żołnierzem biorącym udział w walkach gladiatorów!

Chapter 5: Christ the Redeemer

Our next wonder is Christ the Redeemer, which was built and currently resides in Rio de Janeiro, Brazil.
Naszym kolejnym cudem jest Chrystus Odkupiciel, który został zbudowany i obecnie znajduje się w Rio de Janeiro w Brazylii.

You may have seen pictures of the massive statue of Jesus Christ standing tall over the city with his arms outstretched.
Być może widziałeś zdjęcia masywnego posągu Jezusa Chrystusa stojącego wysoko nad miastem z wyciągniętymi ramionami.

This huge statue was built in 1931, making it much younger than the other wonderful sites of the world we have already visited.
Ten ogromny posąg został zbudowany w 1931 roku, co czyni go znacznie młodszym niż inne wspaniałe miejsca na świecie, które już odwiedziliśmy.

For some people, this statue of Jesus Christ is an impressive display of art and architecture; but to others, it holds more religious and emotional value.
Dla niektórych ludzi ten posąg Jezusa Chrystusa jest imponującym pokazem sztuki i architektury; ale dla innych ma on większą wartość religijną i emocjonalną.

History and Construction
Historia i konstrukcja

How do you think a 98-foot-tall statue would end up on top of a mountain?
Jak myślisz, w jaki sposób 98-metrowy posąg znalazł się na szczycie góry?

Yes, Christ the Redeemer sits on top of Mount Corcovado, which is 2,310 feet tall!
Tak, Chrystus Odkupiciel znajduje się na szczycie góry Corcovado, która ma 2310 metrów wysokości!

This helps the statue to be seen from nearly any place in the city of Rio de Janeiro.
Dzięki temu posąg jest widoczny z niemal każdego miejsca w Rio de Janeiro.

Surrounded by the Tijuca Forest, tourists have a chance to explore the vast landscape before visiting the mountain and traveling over 200 steps to visit Christ the Redeemer in person.
W związku z tym, że jest otoczony lasem Tijuca, turyści mają szansę odkryć rozległy krajobraz, zanim odwiedzą górę i pokonają ponad 200 stopni, aby osobiście odwiedzić Chrystusa Odkupiciela.

The statue of Jesus was built in honor of Princess Isabel, who was the first person to suggest a statue of Christ in the city.
Posąg Jezusa został zbudowany na cześć księżniczki Isabel, która była pierwszą osobą, która zasugerowała posąg Chrystusa w mieście.

However, she wasn't the one who was responsible for the final product.
Jednak to nie ona była odpowiedzialna za końcowy produkt.

In the 1850s, a priest named Pedro Maria Boss gave the idea to build a statue of Jesus Christ on top of the mountain because anybody could see it from the city below, creating an inspiring view.
W latach pięćdziesiątych XIX wieku ksiądz Pedro Maria Boss wpadł na pomysł zbudowania posągu Jezusa Chrystusa na szczycie góry, ponieważ każdy mógł go zobaczyć z miasta poniżej, tworząc inspirujący widok.

Even though many people were interested in the construction, the project didn't begin until 1927.
Chociaż wiele osób było zainteresowanych budową, projekt rozpoczął się dopiero w 1927 roku.

Besides the incredible workers who built the statue in only five years, there were many other people who were involved in the planning and management aspects of the project.
Oprócz niesamowitych robotników, którzy zbudowali pomnik w ciągu zaledwie pięciu lat, było wiele innych osób zaangażowanych w planowanie i zarządzanie projektem.

The designer of the statue was Heitor de Silva Costa, who won the job through a competition.
Projektantem pomnika był Heitor de Silva Costa, który wygrał konkurs.

Did you know that the original design of the statue was different from the statue we know and love today?
Czy wiesz, że oryginalny projekt posągu różnił się od tego, który znamy i kochamy dzisiaj?

Silva Costa originally designed the statue of Christ to hold a cross in one hand and the world in the other.
Silva Costa pierwotnie zaprojektował posąg Chrystusa, który w jednej ręce trzymał krzyż, a w drugiej świat.

But with the help of another artist, Carlos Oswald, the pose was changed to Jesus holding his arms outstretched, which people have noticed still resembles a cross shape.
Ale z pomocą innego artysty, Carlosa Oswalda, pozę zmieniono na Jezusa trzymającego wyciągnięte ręce, co ludzie zauważyli, że nadal przypomina kształt krzyża.

I like to think of this pose as a symbol of acceptance and love for everyone.
Lubię myśleć o tej pozie jako o symbolu akceptacji i miłości dla wszystkich.

Have you ever tried drawing a realistic face or hands?
Czy kiedykolwiek próbowałeś narysować realistyczną twarz lub dłonie?

Imagine someone building them into concrete!
Wyobraź sobie, że ktoś wbudował je w beton!

It's a difficult task!
To trudne zadanie!

This is why a third artist, Paul Landowski, was asked to help with the design of Christ's hands and face.
Dlatego też trzeci artysta, Paul Landowski, został poproszony o pomoc w zaprojektowaniu rąk i twarzy Chrystusa.

Although Silva Costa was the main designer of the project, the statue could have been completely different without the input of Oswald and Landowski.
Chociaż Silva Costa był głównym projektantem projektu, statua mogłaby wyglądać zupełnie inaczej bez wkładu Oswalda i Landowskiego.

Christ the Redeemer stands at 98 feet tall, and Jesus's arms stretch 92 feet wide.
Chrystus Odkupiciel ma 98 stóp wysokości, a ramiona Jezusa rozciągają się na 92 stopy szerokości.

That's about 18 times a normal-sized human!
To około 18 razy więcej niż normalnej wielkości człowiek!

The base that the statue stands on is already 26 feet tall, and the entire site stands atop a mountain.
Podstawa, na której stoi posąg, ma już 26 stóp wysokości, a całe miejsce stoi na szczycie góry.

Looking up from the city, it may look like Jesus stands in between the world and heavens.
Patrząc z miasta, może się wydawać, że Jezus stoi pomiędzy światem a niebem.

Made out of reinforced concrete, the statue is a memorable site not only because of its size.
Wykonany ze zbrojonego betonu posąg jest niezapomnianym miejscem nie tylko ze względu na swój rozmiar.

It is covered in a mosaic of triangle-shaped soapstone tiles and if you look close enough, you might be able to find the hidden heart which resembles the Sacred Heart of Jesus.
Jest on pokryty mozaiką z trójkątnych płytek steatytowych, a jeśli przyjrzysz się wystarczająco uważnie, możesz być w stanie znaleźć ukryte serce, które przypomina Najświętsze Serce Jezusa.

Christ the Redeemer is also known as the largest art deco sculpture in the world.
Chrystus Odkupiciel jest również znany jako największa rzeźba w stylu art deco na świecie.

Art deco is a modern style of art that features sleek geometry and simplicity.
Art deco to nowoczesny styl sztuki, który charakteryzuje się elegancką geometrią i prostotą.

Over the five years of construction, many materials had to be transported to the top of the mountain.
W ciągu pięciu lat budowy wiele materiałów musiało zostać przetransportowanych na szczyt góry.

What a difficult task!
Cóż za trudne zadanie!

Luckily, workers were able to use a railway system to transport all of the deconstructed parts that were eventually put together once they were on the top of the mountain.
Na szczęście pracownicy byli w stanie wykorzystać system kolejowy do transportu wszystkich zdekonstruowanych części, które ostatecznie zostały złożone, gdy znalazły się na szczycie góry.

On October 12, 1931, the final statue was revealed.
12 października 1931 r. odsłonięto ostateczną rzeźbę.

Symbolism

Symbolika

Christ the Redeemer is more than a beauty for the people of Brazil.
Chrystus Odkupiciel jest dla Brazylijczyków czymś więcej niż tylko pięknem.

While the setting is beautiful and the statue itself is a masterful piece of art, the symbolism associated with the statue holds much more meaning.
Podczas gdy sceneria jest piękna, a sam posąg jest mistrzowskim dziełem sztuki, symbolika związana z posągiem ma znacznie większe znaczenie.

The depiction of Christ stands for the blessings, faith, and devotion to Christianity, or Jesus Christ.
Przedstawienie Chrystusa oznacza błogosławieństwa, wiarę i oddanie chrześcijaństwu lub Jezusowi Chrystusowi.

Funded mostly by Christian Brazilians, the statue represents the Eucharist, Cross, Resurrection, Sacred Heart of Jesus, and Our Lady of Aparecida, the patron saint of Brazil.
Ufundowany głównie przez chrześcijańskich Brazylijczyków posąg przedstawia Eucharystię, Krzyż, Zmartwychwstanie, Najświętsze Serce Jezusa i Matkę Bożą z Aparecidy, patronkę Brazylii.

Christ the Redeemer Today

Chrystus Odkupiciel dzisiaj

Over the years, Christ the Redeemer has been celebrated, blessed, and visited in many different ways.
Przez lata Chrystus Odkupiciel był obchodzony, błogosławiony i odwiedzany na wiele różnych sposobów.

On the day that the monument was unveiled, visitors from all around the world came to pray and celebrate the spectacular site.
W dniu odsłonięcia pomnika goście z całego świata przybyli, aby modlić się i uczcić to spektakularne miejsce.

It was also the day of Our Lady of Aparceida.
Był to również dzień Matki Bożej z Aparceidy.

Later, in 1980, Pope John Paul II blessed the city while visiting the monument
Później, w 1980 roku, papież Jan Paweł II pobłogosławił miasto, odwiedzając pomnik.

In 2006, a chapel was built and consecrated to Our Lady of Aparecida as a celebration of the sculpture's 75th anniversary.
W 2006 r. z okazji 75. rocznicy powstania rzeźby wybudowano i poświęcono kaplicę pod wezwaniem Matki Bożej z Aparecidy.

You can find tourists at the base of the sculpture, inside the chapel praying and worshiping.
Turystów można spotkać u podstawy rzeźby, wewnątrz kaplicy, modlących się i oddających cześć.

Like other wonders of the world, Christ the Redeemer is subject to the natural forces of the weather.

Podobnie jak inne cuda świata, Chrystus Odkupiciel podlega naturalnym siłom pogodowym.

It has survived rain, wind, pollution, and even lightning.
Przetrwała deszcz, wiatr, zanieczyszczenia, a nawet wyładowania atmosferyczne.

In 1980, the statue received a thorough cleaning before the arrival of the pope.
W 1980 roku posąg został poddany gruntownemu czyszczeniu przed przybyciem papieża.

Since then, it has been protected through cleanings and repairs, especially in 2010.
Od tego czasu była ona chroniona poprzez czyszczenie i naprawy, zwłaszcza w 2010 roku.

Christ the Redeemer has also made upgrades to accommodate the number of tourists and different people who wish to visit this sanctuary.
Chrystus Odkupiciel został również zmodernizowany, aby pomieścić liczbę turystów i różnych osób, które chcą odwiedzić to sanktuarium.

Do you remember learning that there are more than 200 steps to reach the top?
Pamiętasz, jak dowiedziałeś się, że na szczyt prowadzi ponad 200 schodów?

Imagine making that trip in addition to the trip through the forest and up the mountain.
Wyobraź sobie, że oprócz podróży przez las i pod górę musisz odbyć jeszcze tę podróż.

Luckily, if you wish to visit the statue today, there are escalators and elevators which were added in 2002 to make your experience more enjoyable.
Na szczęście, jeśli chcesz odwiedzić pomnik dzisiaj, są schody ruchome i windy, które zostały dodane w 2002 roku, aby uczynić twoje doświadczenie przyjemniejszym.

But you will still be climbing the 200 steps!
Ale nadal będziesz wspinać się po 200 stopniach!

Chapter 6: Petra

I believe that Petra is one of the most interesting places in the world because of its unusual location and its rich history.
Uważam, że Petra jest jednym z najciekawszych miejsc na świecie ze względu na swoje niezwykłe położenie i bogatą historię.

If you travel 150 miles south from Jerusalem, and come across a stunning display of pink and red rose-colored architecture—you have made it to Petra.
Jeśli podróżujesz 150 mil na południe od Jerozolimy i natkniesz się na oszałamiający pokaz różowo-czerwonej architektury - dotarłeś (woman: dotarłaś) do Petry.

History and Construction
Historia i konstrukcja

Found in Jordan, this middle eastern country is home to beautiful landscapes, a rich culture, and gorgeous, historic architecture.
Znajdujący się w Jordanii, ten bliskowschodni kraj jest domem dla pięknych krajobrazów, bogatej kultury i wspaniałej, historycznej architektury.

Right between the Red Sea and Dead Sea is Petra.
Pomiędzy Morzem Czerwonym a Morzem Martwym znajduje się Petra.

Historians believe it is over 2,000 years old, meaning that it could have been created around the 4th century B.C.E.
Historycy uważają, że ma ona ponad 2000 lat, co oznacza, że mogła powstać około IV wieku p.n.e..

This ancient city is famous for multiple reasons.
To starożytne miasto jest znane z wielu powodów.

When you think of Petra or look at pictures of it, you may think that it is one building, carved out of the side of the mountain.
Kiedy myślisz o Petrze lub oglądasz jej zdjęcia, możesz pomyśleć, że jest to jeden budynek wykuty w zboczu góry.

Petra is actually made of multiple buildings, each built out of the rock, stones, and sandstones surrounding the mountain.
Petra składa się z wielu budynków, z których każdy zbudowany jest ze skał, kamieni i piaskowców otaczających górę.

At the time it was built, Petra was a great trading center.
W czasie, gdy została zbudowana, Petra była wielkim centrum handlowym.

You may be wondering how an old city could hold so much value; Petra is a major historical and cultural site, but the most distinguishable trait about it is that it was built into the side of a mountain!
Być może zastanawiasz się, jak stare miasto może mieć tak dużą wartość; Petra jest ważnym miejscem historycznym i kulturowym, ale najbardziej charakterystyczną cechą jest to, że została zbudowana na zboczu góry!

Following a narrow passage between rocks, you will find the once-great city carved out of the mountain, including rooms for temples, tunnels, tombs, and public buildings.
Podążając wąskim przejściem między skałami, znajdziesz niegdyś wielkie miasto wykute w górach, w tym pomieszczenia na świątynie, tunele, grobowce i budynki publiczne.

Although there is not much we know about how Petra was built, it is fun to guess how this civilization built this city.
Chociaż niewiele wiemy o tym, jak Petra została zbudowana, fajnie jest zgadywać, jak ta cywilizacja zbudowała to miasto.

Have you seen any pictures of Petra that resemble the colors of the sunset?
Czy widziałeś (w: widziałaś) jakieś zdjęcia Petry, które przypominają kolory zachodu słońca?

This beautiful image isn't a trick or illusion, the rock is actually that color.
Ten piękny obraz nie jest sztuczką ani iluzją, skała rzeczywiście ma taki kolor.

This beautiful red-rose, or pink, color of the sandstone is the reason that Petra is also known as the "Rose City."
Ten piękny czerwono-różowy kolor piaskowca jest powodem, dla którego Petra jest również znana jako "Rose City".

Living on the side of a mountain might be tricky, don't you think?
Życie na zboczu góry może być trudne, nie sądzisz?

Access to food, water, and other civilizations is very limited.
Dostęp do żywności, wody i innych cywilizacji jest bardzo ograniczony.

But somehow, Petra thrived in its unique and almost uninhabitable location.
Ale w jakiś sposób Petra prosperowała w swojej wyjątkowej i prawie niezamieszkanej lokalizacji.

This is because of the impressive water management the civilization built.
Wynika to z imponującej gospodarki wodnej, którą zbudowała cywilizacja.

If you picture Jordan correctly, you would imagine a desert.
Jeśli dobrze wyobrazisz sobie Jordanię, można wyobrazić sobie pustynię.

By using dams, water channels, and other water systems, the civilization was able to live without worry of a drought.
Wykorzystując tamy, kanały wodne i inne systemy wodne, cywilizacja była w stanie żyć bez obawy o suszę.

This civilization must have been highly intelligent to be able to build a city on the side of a mountain and make use of the little water that was around!
Cywilizacja ta musiała być bardzo inteligentna, aby być w stanie zbudować miasto na zboczu góry i wykorzystać niewielką ilość wody, która była w pobliżu!

So, who exactly built Petra and where did they go?
Kto dokładnie zbudował Petrę i dokąd się udał?

The Nabateans, an Arab Bedouin tribe, were responsible for the success of Petra.
Nabatejczycy, arabskie plemię Beduinów, było odpowiedzialne za wzniesienie Petry.

They were a group of people who lived as nomads; they roamed and traveled the areas.
Była to grupa ludzi, którzy żyli jako koczownicy; wędrowali i podróżowali po obszarach.

They made use of Petra as a trading post and a great city.
Wykorzystali Petrę jako punkt handlowy i wielkie miasto.

However, the Nabateans were not the only ones to occupy this famous land.
Jednak Nabatejczycy nie byli jedynymi, którzy zajmowali tę słynną krainę.

Clues from other cultures hint at trading patterns and fights over who controlled the city.
Wskazówki z innych kultur sugerują wzorce handlowe i walki o to, kto kontrolował miasto.

The Greeks were the first people to attack the Nabateans, hoping that they could take over Petra.
Grecy byli pierwszymi ludźmi, którzy zaatakowali Nabatejczyków, mając nadzieję, że uda im się przejąć Petrę.

By this time, Petra had gained its name as a wealthy and important site, so the Greeks thought that they could benefit from claiming it as their own.
Do tego czasu Petra zyskała miano bogatego i ważnego miejsca, więc Grecy pomyśleli, że mogą odnieść korzyści z uznania jej za swoją własność.

Luckily, the Nabateans, who knew the area very well, were able to use the mountains to their advantage.
Na szczęście Nabatejczycy, którzy bardzo dobrze znali ten obszar, byli w stanie wykorzystać góry na swoją korzyść.

The Greeks were not able to take control of Petra, despite their efforts.
Grecy nie byli w stanie przejąć kontroli nad Petrą, pomimo swoich wysiłków.

Next, the Romans attacked.
Następnie zaatakowali Rzymianie.

In the 1st century, they successfully invaded and gained control of the city.
W I wieku z powodzeniem najechali i przejęli kontrolę nad miastem.

This forced the Nabateans to surrender, and they had to abandon their famous trading center.
To zmusiło Nabatejczyków do poddania się i musieli opuścić swoje słynne centrum handlowe.

While under Roman control, Petra's name was changed to Arabia Petraea.
Podczas rzymskiej kontroli nazwa Petry została zmieniona na Arabia Petraea.

But yet again, a different group of people came into power in Petra.
Ale po raz kolejny inna grupa ludzi doszła do władzy w Petrze.

When a great earthquake struck, the Romans abandoned the city, since many of its buildings had been destroyed.
Po wielkim trzęsieniu ziemi Rzymianie opuścili miasto, ponieważ wiele jego budynków zostało zniszczonych.

After some time, the Byzantines claimed the city.
Po pewnym czasie miasto zajęło Bizancjum .

Under so many different cultures, Petra had become a mixing pot of cultures.
Pod wpływem tak wielu różnych kultur Petra stała się mieszanką kultur.

The original Nabatean design laid the foundation for what was to come next.
Oryginalny projekt Nabatejczyków położył podwaliny pod to, co miało nastąpić później.

While under Roman rule, they created the Petra Roman Road.
W trakcie panowania, Rzymianie stworzyli rzymską drogę Petra Roman Road.

It was used as the main entrance and road throughout the city.
Była używana jako główny wjazd i droga przez całe miasto.

You can think of it like the main street where you live.
Można o niej myśleć jak o głównej ulicy w miejscu zamieszkania.

The Romans also built big, beautiful gates at the entrance of the city.
Rzymianie zbudowali również duże, piękne bramy przy wejściu do miasta.

We can tell that these features were added by the Romans because of their style of art.
Możemy powiedzieć, że te cechy zostały dodane przez Rzymian ze względu na ich styl sztuki.

The Byzantine Empire used what was already in the city to update aspects of the city to fit their lifestyle.
Cesarstwo Bizantyjskie wykorzystało to, co już znajdowało się w mieście, aby zaktualizować jego aspekty tak, aby pasowały do ich stylu życia.

They used the previously built tombs to create Christian churches.
Wykorzystali oni wcześniej zbudowane grobowce do stworzenia chrześcijańskich kościołów.

Greek scrolls and other historical items have been found in the ruins.
W ruinach znaleziono greckie zwoje i inne historyczne przedmioty.

Although individual cultures have played a part in what Petra is today, the original structure and architecture are set in place and protected by Jordanian National law.
Chociaż poszczególne kultury odegrały rolę w tym, czym Petra jest dzisiaj, oryginalna struktura i architektura są ustalone i chronione przez jordańskie prawo krajowe.

Petra Today
Petra dzisiaj

What would you do if you came across this beautiful, rose-colored, but abandoned city?
Co byś zrobił (woman: zrobiła), gdybyś natknął (natknęła) się na to piękne, różowe, ale opuszczone miasto?

Shepherds have used it for shelter, and more recently, we have used it to learn about the lives of these great civilizations.
Pasterze używali go jako schronienia, a ostatnio używamy go, aby dowiedzieć się o życiu tych wielkich cywilizacji.

Since its discovery by Johann Ludwig Burckhardt in 1812, Petra has been studied, visited, and beloved by people around the world.
Od czasu jej odkrycia przez Johanna Ludwiga Burckhardta w 1812 roku, Petra jest badana, odwiedzana i uwielbiana przez ludzi na całym świecie.

Some people, like Agnes Conway, George Horsfield, Tawfiq Canaan, and Ditlef Nielsen have explored and studied the site, looking for any new discoveries about the city.
Niektórzy ludzie, tacy jak Agnes Conway, George Horsfield, Tawfiq Canaan i Ditlef Nielsen, badali i studiowali to miejsce, szukając nowych odkryć na temat miasta.

In 1985, Petra became a UNESCO World Heritage Site.
W 1985 roku Petra została wpisana na listę światowego dziedzictwa UNESCO.

As more people learn of Petra and travel to see it, the government had to take precautions to preserve the wondrous city.

Ponieważ coraz więcej osób dowiaduje się o Petrze i podróżuje, aby ją zobaczyć, rząd musiał podjąć środki ostrożności, aby zachować to cudowne miasto.

Tourists are welcome, but more and more people have to take care to inspect the site while accommodating travelers.
Turyści są mile widziani, ale coraz więcej osób musi dbać o inspekcję terenu, jednocześnie przyjmując podróżnych.

Because of the desert land, steps have to be taken to prevent flooding (dry, desert land does not absorb water, leading to dangerous floods) and natural erosion.
Ze względu na pustynny teren należy podjąć kroki, aby zapobiec powodziom (sucha, pustynna ziemia nie wchłania wody, co prowadzi do niebezpiecznych powodzi) i naturalnej erozji.

If you were to visit Petra, what would you be most excited about?
Gdybyś miał odwiedzić Petrę, co byłoby dla Ciebie najbardziej ekscytujące?

The number of civilizations that have lived there?
Liczba cywilizacji, które tam żyły?

Or the magnificent feat of carving a city from a mountain?
Albo wspaniały wyczyn wyrzeźbionego miasta w górze?

I don't know if I could choose!
Nie wiem, czy byłabym w stanie wybrać!

Chapter 7: Chichen Itza

Have you heard of the Chichen Itza?
Czy słyszałeś o Chichen Itza?

You have most likely seen pictures of this amazing site!
Najprawdopodobniej widziałeś zdjęcia tego niesamowitego miejsca!

Our next journey takes us to the Mayan ruins found in the Yucatan, a southern area of Mexico.
Nasza kolejna podróż zabierze nas do ruin Majów znajdujących się na Jukatanie, południowym obszarze Meksyku.

History and Construction

Historia i konstrukcja

The name "Chichen Itza" is translated to speak about the edge of a well. "Chichen" translates to "the mouth of the well" and "Itza" is the name of the Mayan tribe, sometimes referred to as "water witches." Chichen Itza dates back to 435 and was a thriving city until 1250 when the Spaniards arrived in America.
Nazwa „Chichen Itza" jest tłumaczona jako „Krawędź studni". „Chichen" tłumaczy się jako „Ujście studni", a „Itza" to nazwa plemienia Majów, czasami nazywanego „Wodnymi czarownicami". Chichen Itza pochodzi z 435 roku i było kwitnącym miastem do 1250 roku, kiedy Hiszpanie przybyli do Ameryki.

During that time, this once-thriving city was sacred to the Mayans but has become a beloved site for people all around the world.
W tym czasie to niegdyś kwitnące miasto było święte dla Majów, ale stało się ukochanym miejscem dla ludzi na całym świecie.

The Mayans were a native group of people who lived in Guatemala, Honduras, Belize, and Mexico.
Majowie byli rdzenną grupą ludzi zamieszkujących Gwatemalę, Honduras, Belize i Meksyk.

They were some of the most intelligent and popular ancient civilizations that were advanced in mathematics and astronomy.
Były to jedne z najbardziej inteligentnych i popularnych starożytnych cywilizacji, które były zaawansowane w matematyce i astronomii.

You have probably heard of the Mayan calendar or read about some of the monuments used to calculate the movements of the sun and moon.
Prawdopodobnie słyszałeś o kalendarzu Majów lub czytałeś o niektórych pomnikach używanych do obliczania ruchów słońca i księżyca.

These monuments can still be found in Chichen Itza!
Te zabytki wciąż można znaleźć w Chichen Itza!

As a city-state, it played a major role in Mayan life; many buildings in Chichen Itza were used as a central location for the Mayan military, religious practice, and political and recreational events.
Jako miasto-państwo odgrywało ważną rolę w życiu Majów; wiele budynków w Chichen Itza było wykorzystywanych jako centralna lokalizacja dla wojska Majów, praktyk religijnych oraz wydarzeń politycznych i rekreacyjnych.

The Mayans built places like the Iglesia (the Church), Akabtzib (the House of Dark Writing), Chichanchob (Red House), and other buildings, which were all in the Puuc style, which were found mostly throughout the Puuc hills.
Majowie zbudowali takie miejsca jak Iglesia (Kościół), Akabtzib (Dom Ciemnego Pisania), Chichanchob (Czerwony Dom) i inne budynki, które były w stylu Puuc, które znajdowały się głównie na wzgórzach Puuc.

Did you have trouble pronouncing some of those building names?
Czy miałeś (woman: miałaś) problemy z wymówieniem niektórych nazw budynków?

Some of the building names may sound unfamiliar, or like an odd name for a building, but they all had their meanings.
Niektóre nazwy budynków mogą wydawać się nieznane lub dziwne, ale wszystkie mają swoje znaczenie.

By studying the building names, we can guess their use or architecture.
Studiując nazwy budynków, możemy odgadnąć ich przeznaczenie lub architekturę.

For example, Chichanchob, which means "small holes" in Mayan, is named after the small holes in the setting.
Na przykład Chichanchob, co oznacza „Małe dziury" w języku Majów, zawdzięcza swoją nazwę małym dziurom w otoczeniu.

Its English name, the Red House, comes from the red strip painted inside the building.
Jego angielska nazwa, Red House, pochodzi od czerwonego paska namalowanego wewnątrz budynku.

This particular building is one of the four main buildings in the main square, has a temple at the top of the building and a few rooms.
Ten konkretny budynek jest jednym z czterech głównych budynków na głównym placu, ma świątynię na szczycie budynku i kilka pokoi.

But, like any other important land, Chichen Itza was fought over, and different people came to rule over it.
Jednak, podobnie jak inne ważne ziemie, o Chichen Itza toczyły się walki, a władzę nad nią sprawowali różni ludzie.

After the Mayans abandoned the city around the 9th century, the Toltecs from the north claimed the city.
Po tym, jak Majowie opuścili miasto około IX wieku, Toltekowie z północy je zajęli.

We don't know why the Mayans left, but the Toltecs contributed their own culture and buildings to the Chichen Itza that we know today.
Nie wiemy, dlaczego Majowie odeszli, ale Toltekowie wnieśli swoją własną kulturę i budynki do Chichen Itza, które znamy dzisiaj.

Don't go thinking that this city was built in a day!
Nie myśl, że to miasto zostało zbudowane w jeden dzień!

While the Mayans are known for the settlement and first building of the city, the Toltecs were also responsible for certain buildings found in Chichen Itza.
Podczas gdy Majowie są znani z osadnictwa i pierwszej budowy miasta, Toltekowie byli również odpowiedzialni za niektóre budynki znalezione w Chichen Itza.

El Castillo (The Castle), one of the pyramids, and the High Priest's Grave, along with other temples around the city were built over a period of time.
El Castillo (Zamek), jedna z piramid i Grób Najwyższego Kapłana, wraz z innymi świątyniami wokół miasta, zostały zbudowane na przestrzeni czasu.

The city eventually became a mixing pot for the two cultures; one had left behind its incredible math, science, and religion, and the other built more to accommodate their culture, including sports.
Miasto ostatecznie stało się mieszanką dwóch kultur; jedna pozostawiła za sobą niesamowitą matematykę, naukę i religię, a druga zbudowała więcej, aby dostosować się do swojej kultury, w tym sportu.

Just like how you might like to play outside, so did the citizens of Chichen Itza.
Podobnie jak ty lubisz bawić się na świeżym powietrzu, tak samo lubili mieszkańcy Chichen Itza.

They invented and loved a sport called "tlachtli." It was similar to some ball sports that we play today.
Wynaleźli i pokochali sport zwany „tlachtli". Był on podobny do niektórych sportów z piłką, w które gramy dzisiaj.

The court is 545 feet long and 223 feet wide.
Boisko ma 545 stóp długości i 223 stopy szerokości.

That's bigger than a modern-day football field!
To więcej niż współczesne boisko piłkarskie!

On one side of the ball court rests a religious Temple of the Jaguars.
Po jednej stronie boiska znajduje się religijna świątynia Jaguarów.

In it, you can find a beautiful mural of soldiers fighting in a village.
Można w nim znaleźć piękny mural przedstawiający żołnierzy walczących w wiosce.

Other religious temples include the Pyramid of Kukulcan.
Inne świątynie religijne obejmują Piramidę Kukulkana.

This monument was a pyramid built with four sides, with a rectangular temple resting on top.
Pomnik ten był piramidą zbudowaną z czterech stron, z prostokątną świątynią spoczywającą na szczycie.

After some time, Chichen Itza became part of a military group, called League of Mayapan, along with other cities like Uxmal and Mayapan.
Po pewnym czasie Chichen Itza stało się częścią grupy wojskowej, zwanej League of Mayapan, wraz z innymi miastami, takimi jak Uxmal i Mayapan.

But as strong as the group was, Chichen Itza's expansion came to a stop in the 13th century.
Ale choć grupa była silna, ekspansja Chichen Itza zatrzymała się w XIII wieku.

By the time the Spaniards arrived in the 16th century, the city had been abandoned again.
Do czasu przybycia Hiszpanów w XVI wieku miasto zostało ponownie opuszczone.

If I lived in a city as successful and beautiful as Chichen Itza, I wouldn't want to go anywhere, but the problem is that we don't know why the Mayans or the Toltecs left.
Gdybym mieszkał w mieście tak udanym i pięknym jak Chichen Itza, nie chciałbym (w: chciałabym) nigdzie wyjeżdżać, ale problem polega na tym, że nie wiemy, dlaczego Majowie czy Toltekowie odeszli.

Chichen Itza Today

Chichen Itza dzisiaj

Today, nobody lives in Chichen Itza, but you can visit it.
Dziś nikt nie mieszka w Chichen Itza, ale można je odwiedzić.

There are many things that we can learn from these city ruins.
Jest wiele rzeczy, których możemy się nauczyć z tych ruin miasta.

Some of these are good things to learn, while others are slightly haunting.
Niektórych warto się nauczyć, podczas gdy inne są nieco przerażające.

An explorer named Edward Herbert Thompson discovered sacred objects and skeletons in the same area, leading us to believe that human sacrifice was used to please the Gods–specifically the rain God, Chaac.
Odkrywca o imieniu Edward Herbert Thompson odkrył święte przedmioty i szkielety w tym samym obszarze, co pozwala nam wierzyć, że ofiary z ludzi były składane, aby zadowolić bogów - w szczególności boga deszczu, Chaaca.

Other facts we have learned about the ancient civilizations include the mystery of the date December 21, 2012.
Inne fakty, których dowiedzieliśmy się o starożytnych cywilizacjach, obejmują tajemnicę daty 21 grudnia 2012 roku.

The Mayan calendar only reached this date, as we have discovered through ruins left in Chichen Itza.
Kalendarz Majów dotarł tylko do tej daty, co odkryliśmy dzięki ruinom pozostawionym w Chichen Itza.

Their advanced knowledge of astronomy and mathematics led them to this specific date for a reason, but we cannot figure out what the true reason was.
Ich zaawansowana wiedza astronomiczna i matematyczna doprowadziła ich do tej konkretnej daty z jakiegoś powodu, ale nie możemy dowiedzieć się, jaki był prawdziwy powód.

Do you remember what you were doing on this day?
Czy pamiętasz, co robiłeś (w: robiłaś) tego dnia?

Chichen Itza became another UNESCO World Heritage Site in 1988.
Chichen Itza zostało wpisane na listę światowego dziedzictwa UNESCO w 1988 roku.

Since then, it has become one of the most popular archaeological sites in Mexico, bringing in thousands of visitors per day.
Od tego czasu stało się jednym z najpopularniejszych stanowisk archeologicznych w Meksyku, przyciągając tysiące odwiedzających dziennie.

Chichen Itza is also open every single day of the year.
Chichen Itza jest również otwarte każdego dnia w roku.

While visiting, tourists have a chance to view the stunning and massive ball court, take a moment at the sacred temples, and climb 365 steps of the monuments themselves.
Podczas zwiedzania turyści mają okazję zobaczyć oszałamiające i ogromne boisko do gry w piłkę, spędzić chwilę w świętych świątyniach i wspiąć się po 365 stopniach samych zabytków.

Which activity would you most enjoy at an ancient site?
Która aktywność w starożytnym miejscu sprawiłaby ci najwięcej przyjemności?

Even though climbing the pyramids could be the most immersive experience at Chichen Itza (and the most tiring!), the National Institute of Anthropology and History worries that continuing to let tourists climb the pyramids will lead to more damage to the site.
Mimo że wspinaczka na piramidy może być najbardziej wciągającym doświadczeniem w Chichen Itza (i najbardziej męczącym!), Narodowy Instytut Antropologii i Historii obawia się, że dalsze pozwalanie turystom na wspinanie się na piramidy doprowadzi do większego zniszczenia tego miejsca.

In addition to weather damage, stepping on the structure thousands of times a day breaks down the stone.
Oprócz uszkodzeń spowodowanych warunkami atmosferycznymi, stąpanie po konstrukcji tysiące razy dziennie niszczy kamień.

Preservation efforts are made through management and maintenance.
Wysiłki na rzecz ochrony są podejmowane poprzez zarządzanie i konserwację.

Does the Pyramid of Kukulcan interest you?
Czy Piramida Kukulkana Cię interesuje?

Luckily, we have more pyramids to discover, but this time, we travel to Egypt.
Na szczęście mamy więcej piramid do odkrycia, ale tym razem podróżujemy do Egiptu.

Chapter 8: Egyptian Pyramids

The Egyptian Pyramids are probably one of the most popular sites of the world.
Piramidy egipskie są prawdopodobnie jednym z najpopularniejszych miejsc na świecie.

Many people are fascinated by their amazing structure, unique history, and the mystery of how they were built.
Wiele osób jest zafascynowanych ich niesamowitą strukturą, wyjątkową historią i tajemnicą tego, jak zostały zbudowane.

Egypt is famous for these pyramids.
Egipt słynie z tych piramid.

Major cities like Cairo, Giza, and Memphis are the most popular places to visit a real pyramid for yourself.
Główne miasta, takie jak Kair, Giza i Memphis, są najpopularniejszymi miejscami , gdzie można zobaczyć prawdziwe piramidy.

You can go to visit the Nile river, then travel west to see the huge pyramids where the Egyptian kings were buried.
Możesz udać się nad rzekę Nil, a następnie udać się na zachód, aby zobaczyć ogromne piramidy, w których pochowano egipskich królów.

History and Construction
Historia i konstrukcja

Unlike many cultures, the Egyptians believed in the importance of death after life and the continuation of life after death.
W przeciwieństwie do wielu kultur, Egipcjanie wierzyli w znaczenie śmierci po życiu i kontynuacji życia po śmierci.

They may have been sad to lose their loved ones, but celebrated their life and prepared them for their new life in the afterworld.
Mogli być smutni, że stracili swoich bliskich, ale świętowali ich życie i przygotowywali ich do nowego życia w zaświatach.

This is how we got the pyramids!
W ten sposób powstały piramidy!

They were built to bury important people like kings, but were also possibly meant to be religious symbols.
Zostały one zbudowane, aby pochować ważnych ludzi, takich jak królowie, ale prawdopodobnie miały być również symbolami religijnymi.

One belief is that the pyramids represent the first mound of creation, or sun rays coming down from the sky.
Jednym z przekonań jest to, że piramidy reprezentują pierwszy kopiec stworzenia lub promienie słoneczne spadające z nieba.

Another theory states that the pyramids were built in the triangular shape so that the king's soul could use the structure like a stairway to heaven.
Inna teoria głosi, że piramidy zostały zbudowane w kształcie trójkąta, aby dusza króla mogła korzystać z konstrukcji jak ze schodów do nieba.

What a sight the world would be from the top of a pyramid!
Jakże piękny byłby świat ze szczytu piramidy!

After the death of these kings, they would be mummified to preserve the body longer.
Po śmierci królowie byli mumifikowani, aby dłużej zachować ciało.

The body would then be laid to rest in the tomb, which can be found through multiple passageways and rooms after entering the pyramid.
Ciało zostało następnie złożone w grobowcu, który można znaleźć poprzez wiele przejść i pomieszczeń po wejściu do piramidy.

The Egyptians also buried goods with the deceased.
Egipcjanie grzebali również dobra wraz ze zmarłymi.

It was believed that the items would be taken with them on their journey to the afterlife.
Wierzono, że przedmioty te zostaną zabrane w podróż do zaświatów.

To find the burial chamber, you would have to enter the pyramid, and explore different passageways and rooms until you find the actual tomb.
Aby znaleźć komorę grobową, należy wejść do piramidy i zbadać różne przejścia i pomieszczenia, aż do znalezienia właściwego grobowca.

You may imagine the walls and hallways within the Pyramids to be decorated with goods, hieroglyphics, or mummies, but this is, sadly, not an accurate image.
Można sobie wyobrazić, że ściany i korytarze w piramidach są ozdobione towarami, hieroglifami lub mumiami, ale niestety nie jest to dokładny obraz.

The rich image we have of beautifully decorated walls, tombs, and mummies comes from a misinterpretation from modern movies, shows, and books.
Bogaty obraz pięknie zdobionych ścian, grobowców i mumii pochodzi z błędnej interpretacji współczesnych filmów, programów i książek.

What was originally left in the granite burial chambers has been stolen by people throughout time.
To, co pierwotnie pozostawiono w granitowych komorach grobowych, zostało skradzione przez ludzi na przestrzeni czasu.

In addition, the outer parts of the pyramids have been destroyed, which results in the shortening of the pyramids.
Ponadto zewnętrzne części piramid zostały zniszczone, co spowodowało zmniejszenie budowli.

Did you know that the pyramids are west of the Nile River because the Egyptians believed that the dead would enter the underworld through the west?
Czy wiesz, że piramidy znajdują się na zachód od Nilu, ponieważ Egipcjanie wierzyli, że zmarli wchodzą do podziemi w kierunku zachodnim?

By placing the Pyramids closer to the entryway to the underworld, they thought they were helping their dead into the afterlife.
Umieszczając piramidy bliżej wejścia do podziemi, myśleli, że pomagają swoim zmarłym w zaświatach.

The pyramids were made of limestone, a type of rock that was found in Tura, from the other side of the Nile River.
Piramidy zostały wykonane z wapienia, rodzaju skały, który został znaleziony w Tura, po drugiej stronie Nilu.

These rocks were made into blocks that were used for the interior and exterior of the pyramid.
Skały te zostały przekształcone w bloki, które zostały wykorzystane do budowy wnętrza i zewnętrznej części piramidy.

The major question about the construction of these pyramids is how the Egyptians were able to place these blocks on top of one another and form a pyramid.
Głównym pytaniem dotyczącym budowy tych piramid jest to, w jaki sposób Egipcjanie byli w stanie umieścić te bloki jeden na drugim i uformować piramidę.

We know they had basic tools, technology, and knowledge of astronomy, which helped them align the points of the pyramid with the cardinal directions like north and south.
Wiemy, że dysponowali podstawowymi narzędziami, technologią i wiedzą astronomiczną, co pomogło im dopasować wierzchołki piramidy do głównych kierunków, takich jak północ i południe.

But how many people worked on the building of the pyramids and how long did it take them?
Ale ile osób pracowało przy budowie piramid i ile czasu im to zajęło?

Some historians suggest that they used a ramp, but there isn't any solid answer about it.
Niektórzy historycy sugerują, że korzystali z rampy, ale nie ma na to jednoznacznej odpowiedzi.

It is hard to imagine because the pyramids are so big!
Trudno to sobie wyobrazić, ponieważ piramidy są tak duże!

At one point, a Greek historian named Herodotus guessed that it took 100,000 men to complete a pyramid over a span of 20 years.
W pewnym momencie grecki historyk o imieniu Herodot zgadł, że ukończenie piramidy zajęło 100 000 mężczyzn aż 20 lat.

Imagine working on a single project next to 99,999 people in 20 years!
Wyobraź sobie pracę nad jednym projektem obok 99 999 osób przez 20 lat!

Later, modern archeologists estimated that about 20,000 men worked on the pyramids as a full-time job, rather than spending a few months out of the year working on it.
Później współcześni archeolodzy oszacowali, że około 20 000 mężczyzn pracowało nad piramidami w pełnym wymiarze godzin, a nie przez kilka miesięcy w roku.

No matter how the pyramids were built, their significance teaches us about the ancient Egyptians and their religious beliefs.
Bez względu na to, jak piramidy zostały zbudowane, ich znaczenie uczy nas o starożytnych Egipcjanach i ich wierzeniach religijnych.

The three most recognizable pyramids, often referred to as the Pyramids of Giza, are the burial sites of three different kings.
Trzy najbardziej rozpoznawalne piramidy, często nazywane piramidami w Gizie, to miejsca pochówku trzech różnych królów.

The smallest pyramid, called the Pyramid of Menkaure, was built for the king, Menkaure, who ruled during the Old Kingdom period.
Najmniejsza piramida, zwana Piramidą Menkaure, została zbudowana dla króla Menkaure, który rządził w okresie Starego Państwa.

It is the smallest of the three pyramids, originally standing 215 feet tall.
Jest to najmniejsza z trzech piramid, pierwotnie wysoka na 215 stóp.

The middle pyramid, the Pyramid of Khafre, is the mid-sized pyramid of the three.
Środkowa piramida, Piramida Chefrena, jest średniej wielkości piramidą z całej trójki.

It was 471 feet tall after it was first built.
Po wybudowaniu miał 471 stóp wysokości.

Kafre is suggested to be the king before Menkaure, and the son of Khufu.
Sugeruje się, że Chefren był królem przed Menkaurem i synem Chufu.

Kafre ruled over Egypt during the golden age of the Old Kingdom.
Chefren rządził Egiptem podczas złotego wieku Starego Państwa.

The oldest, and largest pyramid of the three is known as the Great Pyramid of Giza.
Najstarsza i największa z trzech piramid znana jest jako Wielka Piramida w Gizie.

Its original height was 481 feet tall!
Jego pierwotna wysokość wynosiła 481 stóp!

This pyramid was built for Khufu in 2560 B.C.E and is placed most northern of the three pyramids.
Piramida ta została zbudowana dla Chufu w 2560 r. p.n.e. i jest najbardziej wysuniętą na północ z trzech piramid.

What I find most interesting about the Great Pyramid of Giza is that the four points are all perfectly aligned with the directions north, south, east, and west.
Najbardziej interesujące w Wielkiej Piramidzie w Gizie jest to, że wszystkie cztery punkty są idealnie wyrównane z kierunkami północnym, południowym, wschodnim i zachodnim.

You, like many other people, probably only think of these three great pyramids when you imagine this Egyptian wonder.
Ty, podobnie jak wielu innych ludzi, prawdopodobnie myślisz tylko o tych trzech wielkich piramidach, kiedy wyobrażasz sobie ten egipski cud.

But did you know that the pyramids were not singular structures, but were surrounded by other, smaller temples, chapels, and tombs?
Ale czy wiesz, że piramidy nie były pojedynczymi konstrukcjami, ale były otoczone innymi, mniejszymi świątyniami, kaplicami i grobowcami?

Yes, they were!
Tak, były!

There is more to the pyramids than just the large, triangular structures.
Piramidy to coś więcej niż tylko duże, trójkątne struktury.

In fact, the first pyramid was built out of the tombs, or mastabas, that surround the Pyramids of Giza.
W rzeczywistości pierwsza piramida została zbudowana z grobowców lub mastab, które otaczają piramidy w Gizie.

In 1280 B.C.E, King Djoser's architect, called Imhotep, placed mastabas on top of one another, with the larger ones on the bottom and smaller ones on top, creating a rough outline of the pyramids we visit today.
W 1280 r. p.n.e. architekt króla Dżesera, zwany Imhotepem, umieścił mastaby jedna na drugiej, z większymi na dole i mniejszymi na górze, tworząc zgrubny zarys piramid, które odwiedzamy dzisiaj.

The Pyramids were not only burial chambers and religious symbols, but they were able to show off the wealth, status, and power of the civilization.
Piramidy były nie tylko komorami grobowymi i symbolami religijnymi, ale były w stanie pokazać bogactwo, status i potęgę cywilizacji.

Think about how much manpower, resources, and time it took to build these structures; a lot!
Pomyśl o tym, ile siły roboczej, zasobów i czasu zajęło zbudowanie tych struktur; dużo!

Also, consider how goods were left in the tombs; the kings most likely had expensive items that were just there.
Należy również wziąć pod uwagę sposób, w jaki towary były pozostawiane w grobowcach; królowie najprawdopodobniej mieli drogie przedmioty, które po prostu tam były.

It would be like taking one of your valuable, expensive items, and placing it in a closet for the rest of the time.
Byłoby to jak zabranie jednego z cennych, drogich przedmiotów i umieszczenie go w szafie na resztę czasu.

The Egyptian Pyramids Today

Egipskie piramidy dzisiaj

The Pyramids of Giza have stood for thousands of years, but did not become a UNESCO World Heritage Site until 1979.
Piramidy w Gizie stoją od tysięcy lat, ale zostały wpisane na listę światowego dziedzictwa UNESCO dopiero w 1979 roku.

In addition, natural forces, but mostly human intervention, has destroyed the pyramids since the time they were built.
Ponadto siły naturalne, ale przede wszystkim interwencja człowieka, zniszczyły piramidy od czasu ich budowy.

Erosion and weather impact the outside of the structure, but so do human footprints when visitors would try to climb up the pyramids.
Erozja i warunki pogodowe mają wpływ na zewnętrzną część struktury, ale także na ludzkie ślady, gdy odwiedzający próbowali wspiąć się na piramidy.

It is now illegal to climb them, and you have to purchase a ticket to visit each individual pyramid.
Obecnie wspinanie się na nie jest nielegalne, a zwiedzanie każdej piramidy wymaga zakupu biletu.

Group and guided tours are available which can lead you through the magnificent and ancient structures.
Dostępne są wycieczki grupowe i z przewodnikiem, które mogą poprowadzić Cię przez wspaniałe i starożytne struktury.

Chapter 9: Great Barrier Reef

Since it is the only natural site on our list, and one of the largest wonders in the world, the Great Barrier Reef, definitely deserves some attention!
Ponieważ jest to jedyne naturalne miejsce na naszej liście i jeden z największych cudów na świecie, Wielka Rafa Koralowa zdecydowanie zasługuje na uwagę!

History and Natural Beauty
Historia i naturalne piękno

You can find this site on the northeast side of Australia.
Można ją znaleźć w północno-wschodniej części Australii.

The reef is a natural phenomenon, so there is no official date that it was built.
Rafa jest zjawiskiem naturalnym, więc nie ma oficjalnej daty jej powstania.

This site has probably been around as long as the world itself!
To miejsceistnieje prawdopodobnie tak długo, jak sam świat!

Even though it is not possible for fish, reefs, and other living organisms to have lived since the beginning of the earth, the reef itself has died and regrown, becoming home in this location and creating a diverse ecosystem.
Chociaż nie jest możliwe, aby ryby, rafy i inne żywe organizmy żyły od początku istnienia Ziemi, sama rafa obumarła i odrosła, stając się domem w tym miejscu i tworząc zróżnicowany ekosystem.

The Great Barrier Reef is like a city, or even a country, to the wildlife that lives there.
Wielka Rafa Koralowa jest jak miasto, a nawet kraj, dla żyjących tam dzikich zwierząt.

But, it is more than just a beautiful, natural site.
Jest to jednak coś więcej niż tylko piękne, naturalne miejsce.

The Great Barrier Reef is home to thousands of plants and animals.
Wielka Rafa Koralowa jest domem dla tysięcy roślin i zwierząt.

It is the place for humpback whales to mate or migrate, a rescue for endangered animals, and a jaw-dropping experience for us humans to learn and explore the beautiful Coral Sea.
Jest to miejsce, w którym humbaki łączą się w pary lub migrują, jest to ratunek dla zagrożonych zwierząt i oszałamiające doświadczenie dla nas, ludzi, do nauki i odkrywania pięknego Morza Koralowego.

The first people to inhabit Australia, and probably some of the first people to find the Great Barrier Reef, were the Aboriginal people.
Pierwszymi ludźmi zamieszkującymi Australię i prawdopodobnie jednymi z pierwszych, którzy odkryli Wielką Rafę Koralową, byli Aborygeni.

After them, European explorers like the French in 1768, when Louis de Bougainville, saw it, but had to move on for the safety of his crew.
Po nich europejscy odkrywcy, tacy jak Francuzi w 1768 roku, kiedy Louis de Bougainville, zobaczył go, ale musiał ruszyć dalej z uwagi na bezpieczeństwo swojej załogi.

The first exploration of the reef was in 1770.
Pierwsza eksploracja rafy miała miejsce w 1770 roku.

A ship sailed by James Cook had to stop on Cooktown Beach to fix their ship.
Statek płynący przez Jamesa Cooka musiał zatrzymać się na plaży Cooktown, aby dokonać napraw.

During their short stay, Cook and some of his crew went to explore the reef and document what they saw.
Podczas krótkiego pobytu Cook i część jego załogi udali się na eksplorację rafy i dokumentowanie tego, co zobaczyli.

On their way to leaving Australia, Cook had to search for a passage through the reef, since it created a barrier between him and the open sea.

W trakcie opuszczania Australii Cook musiał szukać przejścia przez rafę, ponieważ tworzyła ona barierę między nim a otwartym morzem.

The small passage that he found and sailed through is now called Cook's Passage.
Niewielkie przejście, które znalazł i przez które przepłynął, jest obecnie nazywane Przejściem Cooka.

Did you know that you can see the Great Barrier Reef from outer space?
Czy wiesz, że Wielką Rafę Koralową można zobaczyć z kosmosu?

The Great Barrier Reef is even larger than the Great Wall of China!
Wielka Rafa Koralowa jest nawet większa niż Wielki Mur Chiński!

It is so big that it has been divided into sections so that we can be specific about the area.
Jest on tak duża, że została podzielona na sekcje, abyśmy mogli dokładnie określić obszar.

There is the Northern Great Barrier Reef, Central Great Barrier Reef, and Southern Great Barrier Reef.
Istnieje Północna Wielka Rafa Koralowa, Centralna Wielka Rafa Koralowa i Południowa Wielka Rafa Koralowa.

To be exact, the overall site is 133,000 square miles total.
Dokładniej rzecz ujmując, całkowity obszar wynosi 133 000 mil kwadratowych.

It extends about 1,429 miles long and between 37.28-155.34 miles wide, depending on the section we are talking about.
Rozciąga się na około 1429 mil długości i między 37,28-155,34 mil szerokości, w zależności od sekcji, o której mówimy.

The depth of the Great Barrier Reef reaches 6,561.58 feet deep into the water.
Głębokość Wielkiej Rafy Koralowej sięga 6 561,58 stóp.

Do you think you could swim that?
Myślisz, że mógłbyś (w: mogłabyś) to przepłynąć?

This location has some of the most diverse wildlife.
Ta lokalizacja jest siedliskiem jednych z najbardziej zróżnicowanych dzikich zwierząt.

There are an estimated 400 different types of coral, 1,500 species of fish, 20 types of reptiles, and 200 types of fish.
Szacuje się, że występuje tu 400 różnych rodzajów koralowców, 1500 gatunków ryb, 20 rodzajów gadów i 200 rodzajów ryb.

There are also about 30 types of whales and dolphins, and home to an entire 10% of the world's types of fish.
Występuje tu również około 30 gatunków wielorybów i delfinów, a także 10% wszystkich gatunków ryb na świecie.

What an aquatic zoo!
Co za wodne zoo!

But this beautiful site is not only home to aquatic wildlife; the Great Barrier Reef also has over 900 islands that you can visit.
Ale to piękne miejsce jest nie tylko domem dla dzikiej przyrody morskiej; Wielka Rafa Koralowa ma również ponad 900 wysp, które można odwiedzić.

Can you believe that?
Możesz w to uwierzyć?

Take a trip to Lizard Island, named after the goanna lizards found everywhere, or Green Island, which is popular for its white sands and tropical rainforest.
Warto wybrać się na Wyspę Jaszczurek (Lizard Island), której nazwa pochodzi od występujących tu jaszczurek goanna, lub na Zieloną Wyspę (Green Island), popularną ze względu na białe piaski i tropikalne lasy deszczowe.

Just think, these are only two of the hundreds of islands you can relax and enjoy nature on.
To tylko dwie z setek wysp, na których można się zrelaksować i cieszyć przyrodą.

Exploring the Great Barrier Reef
Odkrywanie Wielkiej Rafy Koralowej

There are so many things you can do to explore and appreciate the Great Barrier Reef.
Jest tak wiele rzeczy, które można zrobić, aby odkryć i docenić Wielką Rafę Koralową.

Go snorkeling or scuba diving to explore the Great Barrier Reef, possibly one of the most colorful places in the world.
Wybierz się na nurkowanie z rurką lub akwalungiem, aby odkryć Wielką Rafę Koralową, prawdopodobnie jedno z najbardziej kolorowych miejsc na świecie.

With the amount of life in the ocean, you will likely see a combination of blue waters, white sand, pink, green, and yellow corals, yellow, blue, black, and other multicolored fish, and more beauty than you could imagine!
Biorąc pod uwagę ilość życia w oceanie, prawdopodobnie zobaczysz połączenie nlebieskich wód, białego piasku, różowych, zielonych i żółtych koralowców, żółtych, niebieskich, czarnych i innych wielokolorowych ryb oraz więcej piękna, niż możesz sobie wyobrazić!

But if going underwater doesn't sound appealing to you, there are still plenty of other activities that you can do to learn about and see the reef for yourself.
Jeśli jednak zejście pod wodę nie brzmi dla Ciebie zachęcająco, nadal istnieje wiele innych zajęć, które możesz wykonać, aby poznać i zobaczyć rafę na własne oczy.

You can take a helicopter tour to view the reef from above, getting a much wider view of the site than exploring one small section of it.
Możesz wybrać się na wycieczkę helikopterem, aby zobaczyć rafę z góry, uzyskując znacznie szerszy widok na to miejsce niż zwiedzanie jednej małej części.

There are also boats that include a glass floor.
Istnieją również łodzie ze szklaną podłogą.

This allows you to see through the boat into the ocean, without ever getting wet or having to come in close contact with the wildlife.
Pozwalają na obserwowanie oceanu przez łódź, bez konieczności zamoczenia się lub bliskiego kontaktu z dziką przyrodą.

Other activities open to the public include cruises, whale watching, swimming alongside dolphins, and traveling to one of the 900 islands in the area.
Inne atrakcje otwarte dla ludzi obejmują rejsy, obserwowanie wielorybów, pływanie obok delfinów i podróż na jedną z 900 wysp w okolicy.

What would you like to do on this gorgeous and colorful site?
Co chciałbyś (w: chciałabyś) robić na tej wspaniałej i kolorowej stronie?

Protecting the Great Barrier Reef

Ochrona Wielkiej Rafy Koralowej

Climate change, coral bleaching, and too much tourism endanger the Great Barrier Reef.
Zmiana klimatu, bielenie koralowców i zbyt duża turystyka zagrażają Wielkiej Rafie Koralowej.

Coral bleaching happens when the water gets too warm, often caused by climate change, and turns the corals white.
Bielenie koralowców ma miejsce, gdy woda staje się zbyt ciepła, często z powodu zmian klimatycznych, i zmienia kolor koralowców na biały.

This bleaching kills the corals, and they cannot grow back after this process.
To bielenie zabija koralowce i nie mogą one odrosnąć po tym procesie.

One human interference that destroyed the Great Barrier Reef is the pollution that comes from tourism and the mainland.
Jedną z ingerencji człowieka, która zniszczyła Wielką Rafę Koralową, jest zanieczyszczenie pochodzące z turystyki i lądu.

This pollution, whether through water, air, or waste, can interfere with and harm wildlife in the ocean.
Zanieczyszczenie to, czy to przez wodę, powietrze czy odpady, może zakłócać i szkodzić dzikiej przyrodzie w oceanie.

It is so important for us to protect wildlife, even if we cannot see them everyday because they live in the water.
Ochrona dzikich zwierząt jest dla nas bardzo ważna, nawet jeśli nie widzimy ich na co dzień, ponieważ żyją w wodzie.

The ecosystem in the Great Barrier Reef is not only a beautiful site that we are responsible for preserving, but the quality of the water, and the life that lives in those waters can make a difference on our side of the planet.
Ekosystem Wielkiej Rafy Koralowej to nie tylko piękne miejsce, za którego ochronę jesteśmy odpowiedzialni, ale także jakość wody i życie, które żyje w tych wodach, może mieć wpływ na naszą planetę.

Chapter 10: Stonehenge

Stonehenge is another one of the world's greatest mysteries.
Stonehenge to kolejna z największych tajemnic świata.

What do you think this structure looks like?
Jak według Ciebie wygląda ta struktura?

And how do you think it even got there?
A jak myślisz, jak w ogóle tam powstała?

History and Construction
Historia i konstrukcja

What we do know about Stonehenge is that this wonder of the world stands in Great Britain, Wiltshire.
To, co wiemy o Stonehenge, to fakt, że ten cud świata znajduje się w Wielkiej Brytanii, w hrabstwie Wiltshire.

If you're not familiar with this area, it is located in the southern part of the United Kingdom, west of London.
Jeśli nie jesteś zaznajomiony z tym obszarem, znajduje się on w południowej części Wielkiej Brytanii, na zachód od Londynu.

We have also studied it enough to know that it is about 5,000 years old.
Zbadaliśmy go również na tyle, by wiedzieć, że ma około 5000 lat.

Imagine that!
Wyobraź to sobie!

Stonehenge was built in the Neolithic period, a time when humans first started to settle down in villages.
Stonehenge zostało zbudowane w okresie neolitu, kiedy ludzie po raz pierwszy zaczęli osiedlać się w wioskach.

So then, what is Stonehenge?
Czym więc jest Stonehenge?

The large rocks that appear to stand on their own form a circle.
Duże skały, które wydają się stać samodzielnie i tworzą okrąg.

But what I find more interesting is that some of the rocks have been balanced on top of the others horizontally.
Bardziej interesujące jest jednak to, że niektóre skały zostały wyważone poziomo na innych.

This makes it look like an archway made of large stones, almost boulders.
To sprawia, że całość wygląda jak łuk wykonany z dużych kamieni, prawie głazów.

Based on what we know about the people who lived in the area and our best guess, Stonehenge was built as a temple that also tracked the sun's movements through the shadows.
Opierając się na tym, co wiemy o ludziach, którzy żyli na tym obszarze i naszych najlepszych przypuszczeniach, Stonehenge zostało zbudowane jako świątynia, która śledziła ruchy słońca poprzez cienie.

Stonehenge is also a show of strength and intelligence.
Stonehenge to także pokaz siły i inteligencji.

It shows us what this early civilization was capable of, while leaving behind a spectacular site that has stood for thousands of years.
Pokazuje nam, do czego zdolna była ta wczesna cywilizacja, pozostawiając po sobie spektakularne miejsce, które przetrwało tysiące lat.

How cool is that?
Jakie to fajne?

The foundation for what would eventually become Stonehenge was laid between 8,500–7,000 B.C.E.
Fundamenty tego, co ostatecznie stało się Stonehenge, zostały położone między 8 500 a 7 000 lat p.n.e..

when totem poles were raised in a circle formation.
kiedy słupy totemowe zostały uniesione w formacji okręgu.

By doing this, these people marked this area of land as their own.
W ten sposób ludzie ci oznaczyli ten obszar ziemi jako swój własny.

A few thousand years later, Stonehenge begins to take shape.
Kilka tysięcy lat później Stonehenge zaczęło nabierać kształtów.

A ditch in the shape of a circle was dug, and 56 different posts made of wood or stone were built.
Wykopano rów w kształcie koła i zbudowano 56 różnych słupów wykonanych z drewna lub kamienia.

At this point, it was probably used as a cemetery.
W tym momencie był on prawdopodobnie używany jako cmentarz.

Next, in 2,500 B.C.E., more stones were brought to Stonehenge to expand upon what had already been built.
Następnie, w 2500 r. p.n.e., do Stonehenge przywieziono więcej kamieni, aby rozbudować to, co już zostało zbudowane.

These sarsen stones came from Marlborough Down, and the smaller bluestones came from Wales.
Kamienie sarsenowe pochodzą z Marlborough Down, a mniejsze kamienie niebieskie z Walii.

This is the beginning of Stonehenge as we know it.
To początek Stonehenge, jaki znamy.

It took a long time and was a difficult process to make it what it is, but modern archeologists are lucky to explore such an awe-inspiring site.
Stworzenie tego miejsca zajęło dużo czasu i było trudnym procesem, ale współcześni archeolodzy mają szczęście, że mogą odkrywać tak inspirujące miejsce.

Like the Egyptian Pyramids, Stonehenge has people wondering how it was possible to build something so big.
Podobnie jak egipskie piramidy, Stonehenge sprawia, że ludzie zastanawiają się, jak możliwe było zbudowanie czegoś tak dużego.

How did these massive stones get here from places that were miles away?
Jak te masywne kamienie dostały się tutaj z miejsc oddalonych o wiele kilometrów?

Technology and vehicles weren't around at this time, so the people who built it had to get creative.
Technologia i pojazdy nie istniały w tym czasie, więc ludzie, którzy je zbudowali, musieli wykazać się kreatywnością.

Some people suggest that the stones were rolled and made use of wooden rafts.
Niektórzy sugerują, że kamienie zostały przetoczone i wykorzystano do tego drewniane tratwy.

The stones that stand upright were set this way most likely by using ramps.
Kamienie, które stoją pionowo, zostały ustawione w ten sposób najprawdopodobniej za pomocą ramp.

How do you think these stones have stood there for so long without falling over?
Jak myślisz, w jaki sposób te kamienie stały tam tak długo, nie przewracając się?

The ancient people would ensure that the stones wouldn't move in a number of ways.
Starożytni ludzie upewniali się na wiele sposobów, że kamienie nie będą się poruszać.

First, they would dig a hole in the ground.
Najpierw wykopywali dziurę w ziemi.

The sarsen stones would be placed in the hole and used ramps or stakes to help stand the stone upright.
Kamienie sarsenowe były umieszczane w otworze, a potemużywano ramp lub palików, aby pomóc w ustawieniu kamienia w pozycji pionowej.

Then, the hole would be filled with dirt and rubble to secure the stone's position.
Następnie otwór został wypełniony ziemią i gruzem, aby zabezpieczyć położenie kamienia.

Another method used to hold the stones together is a technique called "tongue and groove joints." In this method, one stone is carved with indentations, and the other with a projecting piece that could fit into the other stone.
Inną metodą stosowaną do łączenia kamieni jest technika zwana „łączeniem na pióro i wpust". W tej metodzie jeden kamień jest rzeźbiony z wgłębieniami, a drugi z wystającym elementem, który może pasować do drugiego kamienia.

It was much more secure to do this than to place the stones on top of or next to each other.
Było to znacznie bezpieczniejsze niż umieszczanie kamieni na sobie lub obok siebie.

The reason this technique was interesting in this case is that tongue and groove techniques were used only in wooden structures, but Stonehenge used it on stone!
Powodem, dla którego technika ta była interesująca w tym przypadku, jest fakt, że technika pióra i wpustu była stosowana tylko w konstrukcjach drewnianych, ale Stonehenge wykorzystywał ją na kamieniu!

Have you ever come across two stones that are exactly the same?
Czy kiedykolwiek natknąłeś się na dwa kamienie, które są dokładnie takie same?

Most likely no, which is why the builders of Stonehenge had to shape the stones that they used to build the structure.
Najprawdopodobniej nie, dlatego budowniczowie Stonehenge musieli kształtować kamienie, których używali do budowy konstrukcji.

By using other, harder rocks like flint, they used them as hammers to get their desired shape of the stone.
Używając innych, twardszych skał, takich jak krzemień, używali ich jako młotków, aby uzyskać pożądany kształt kamienia.

They may have also used flint stones to create the carvings found in some of the stones.
Mogli oni również używać kamieni krzemiennych do tworzenia rzeźb znalezionych w niektórych kamieniach.

Archeologists have also found ax heads and daggers in and around the site.
Archeolodzy znaleźli również głowice toporów i sztylety w okolicy tego miejsca.

Some of these came from when the Romans took a liking to the structure, and others could have come from other points in time.
Niektóre z nich pochodzą z czasów, gdy Rzymianie upodobali sobie tę strukturę, a inne mogły pochodzić z innych okresów.

One of the main reasons I find Stonehenge so interesting is because it wasn't built in a short amount of time, then just left there for thousands of years.
Jednym z głównych powodów, dla których uważam Stonehenge za tak interesujące, jest fakt, że nie został on zbudowany w krótkim czasie, a następnie pozostawiony tam na tysiące lat.

Unlike most structures, Stonehenge went through multiple stages, and the process for it to become what it is today took over 1,500 years.
W przeciwieństwie do większości budowli, Stonehenge przeszedł przez wiele etapów, a proces, w którym stał się tym, czym jest dzisiaj, trwał ponad 1500 lat.

Stonehenge Today
Stonehenge dzisiaj

Stonehenge is a great monument today, but it wasn't always protected the same way it is now.
Stonehenge jest dziś wspaniałym zabytkiem, ale nie zawsze było chronione w taki sam sposób, jak obecnie.

For example, during World War I, the Ministry of Defense bought the surrounding land and used it for military needs.
Na przykład podczas I wojny światowej Ministerstwo Obrony kupiło okoliczne grunty i wykorzystało je na potrzeby wojskowe.

This, along with current transportation, weather, and animals has damaged the site.
To, wraz z bieżącym transportem, pogodą i zwierzętami, uszkodziło to miejsce.

Most of the damage has been done to the landscape.
Większość szkód została wyrządzona krajobrazowi.

Luckily, in 1901, Sir Edmund Antrobus, who owned the land at the time, decided to restore parts of Stonehenge.
Na szczęście w 1901 r. Sir Edmund Antrobus, który był wówczas właścicielem ziemi, postanowił odrestaurować część Stonehenge.

Most noticeably, he took action to replace the trilithon, one of the archway structures built from three stones.
Przede wszystkim podjął działania w celu zastąpienia trylitonu, jednej z konstrukcji łukowych zbudowanych z trzech kamieni.

By doing this, he sparked a wave of interest and desire to preserve Stonehenge.
W ten sposób wywołał falę zainteresowania i chęci zachowania Stonehenge.

Without his actions, who knows what Stonehenge would look like today?
Kto wie, jak Stonehenge wyglądałoby dziś bez jego działań?

In 1918, the next landowner, Cecil Chubb, made a move that changed Stonehenge forever; he gave it back to the nation.
W 1918 r. kolejny właściciel ziemski, Cecil Chubb, wykonał ruch, który na zawsze zmienił Stonehenge; oddał go narodowi.

Up until this point, Stonehenge was privately owned by the people who owned the land, not the government.
Do tego momentu Stonehenge było własnością prywatną ludzi, którzy posiadali ziemię, a nie rządu.

Because of this, the responsibility for the structure's protection was with the landowner.
Z tego powodu odpowiedzialność za ochronę konstrukcji spoczywała na właścicielu gruntu.

Since Cecil Chubb, Stonehenge is able to be protected, restored, explored, and visited.
Od czasów Cecila Chubba Stonehenge może być chronione, restaurowane, badane i odwiedzane.

What a kind gesture from him!
Cóż za miły gest z jego strony!

Stonehenge has since become another UNESCO World Heritage Site in 1986.
W 1986 roku Stonehenge zostało wpisane na listę światowego dziedzictwa UNESCO.

Having to restore it by reconstructing the structure has taught us about its original construction and its history.
Konieczność przywrócenia go poprzez rekonstrukcję struktury nauczyła nas o jego oryginalnej konstrukcji i historii.

Stonehenge is still being studied, especially since we can't name why it was built or exactly what it was used for, and I'm sure we will learn more about it over time.
Stonehenge wciąż jest przedmiotem badań, zwłaszcza że nie potrafimy określić, dlaczego został zbudowany ani do czego dokładnie służył, i jestem pewien, że z czasem dowiemy się o nim więcej.

Stonehenge is a popular site because of its creative build and the great mystery as to why and how it became what it is today, but it's not the only mystery and stunning scene in the world.

Stonehenge jest popularnym miejscem ze względu na swoją kreatywną konstrukcję i wielką tajemnicę, dlaczego i w jaki sposób stał się tym, czym jest dzisiaj, ale nie jest to jedyna tajemnicza i oszałamiająca scena na świecie.

Thank You!

I hope you enjoyed my book!

Bye for now :)

References

Australia's great natural wonder. (2023, February 7). Great Barrier Reef. https://greatbarrierreef.org/

Britannica, T. Editors of Encyclopaedia (2022, November 21). *Chichén Itzá*. Encyclopedia Britannica. https://www.britannica.com/place/Chichen-Itza

Britannica, T. Editors of Encyclopaedia (2022, October 23). *Great Wall of China*. Encyclopedia Britannica. https://www.britannica.com/topic/Great-Wall-of-China

Britannica, T. Editors of Encyclopaedia (2023, January 5). *Colosseum*. Encyclopedia Britannica. https://www.britannica.com/topic/Colosseum

Britannica, T. Editors of Encyclopaedia (2023, March 6). *Pyramids of Giza*. Encyclopedia Britannica. https://www.britannica.com/topic/Pyramids-of-Giza

Colosseum - The icon of Rome. (n.d.). Rome by CIVITATIS. https://www.rome.net/colosseum

History.com Editors. (2009, November 9). *Colosseum - Dates, facts & location*. https://www.history.com/topics/ancient-rome/colosseum

History.com Editors. (2018, January 25). *Petra - history*. Petra. https://www.history.com/topics/ancient-middle-east/petra

Journey to Egypt. (n.d.). Journey To Egypt. https://www.journeytoegypt.com/en/discover-egypt/egyptian-pyramids-giza

Kapadia, R. (2015, August 9). *The Taj Mahal*. Smarthistory. https://smarthistory.org/the-taj-mahal/

Machu Picchu: World natural and cultural heritage site. (n.d.). Peru.travel. https://www.peru.travel/en/attractions/machu-picchu#history-of-machu-picchu

Mexico: Mayan ruins: Archaeological site. (n.d.). Chichen Itza. https://www.chichenitza.com/

Murray, L. (2022, September 6). *Christ the Redeemer*. Encyclopedia Britannica. https://www.britannica.com/topic/Christ-the-Redeemer

Pang, K. (2021, October 15). *How the great wall was built - materials and methods*. China Highlights. https://www.chinahighlights.com/greatwall/fact/how-the-great-wall-was-built.htm

PeruForLess. (2020, March 5). *Machu Picchu history*. Machu Picchu. Retrieved from https://www.machupicchu.org/machu_picchu_history.htm

Sanctuary of Christ the redeemer. Sanctuary of Christ the Redeemer RSS. (n.d.). https://en.santuariocristoredentor.com.br/

Smithsonian Institution. (n.d.). *The Egyptian pyramid*. Smithsonian Institution. https://www.si.edu/spotlight/ancient-egypt/pyramid

Stonehenge. (n.d.). English Heritage. https://www.english-heritage.org.uk/visit/places/stonehenge/

UNESCO World Heritage Centre. (n.d.). *Great Barrier Reef*. UNESCO World Heritage Centre. https://whc.unesco.org/en/list/154/

UNESCO World Heritage Centre. (n.d.). *Historic sanctuary of Machu Picchu*. UNESCO World Heritage Centre. https://whc.unesco.org/en/list/274/

UNESCO World Heritage Centre. (n.d.). *Memphis and its necropolis – the pyramid fields from Giza to Dahshur*. UNESCO World Heritage Centre. https://whc.unesco.org/en/list/86/

UNESCO World Heritage Centre. (n.d.). *Petra*. UNESCO World Heritage Centre. https://whc.unesco.org/en/list/326/

UNESCO World Heritage Centre. (n.d.). *Pre-Hispanic city of Chichen-Itza*. UNESCO World Heritage Centre. https://whc.unesco.org/en/list/483/

UNESCO World Heritage Centre. (n.d.). *Stonehenge, Avebury and associated sites*. UNESCO World Heritage Centre. https://whc.unesco.org/en/list/373/

UNESCO World Heritage Centre. (n.d.). *Taj Mahal*. UNESCO World Heritage Centre. https://whc.unesco.org/en/list/252/

UNESCO World Heritage Centre. (n.d.). *The Great Wall*. UNESCO World Heritage Centre. https://whc.unesco.org/en/list/438/

 Milton Keynes UK
Ingram Content Group UK Ltd.
UKHW022331030324
438776UK00014B/2269